Rudi Anschober

DAS GRÜNE WIRTSCHAFTS- WUNDER

Wie die Energierevolution funktioniert
und wie jeder davon profitiert

UEBERREUTER

Das säurefreie und alterungsbeständige Papier EOS liefert Salzer, St. Pölten
(hergestellt aus chlorfrei gebleichtem Zellstoff aus nachhaltiger Forstwirtschaft).

ISBN 978-3-8000-7505-8
Covergestaltung: Thomas Esterer, www.bueroesterer.com
Coverfoto: Dirk Rietsche / A-Digit / istockphoto.com
Copyright © 2011 by Verlag Carl Ueberreuter, Wien
Druck: GGP Media GmbH, Pößneck
7 6 5 4 3 2 1

Ueberreuter im Internet: www.ueberreuter.at

INHALT

1. DIE ENERGIEREVOLUTION: DIE NEUE CHANCE FÜR WELTWIRTSCHAFT, JOBS UND KLIMASCHUTZ

Soll die Welt vor dem Klimakollaps gerettet werden, darf eine weltweite Temperaturerhöhung von zwei Grad Celsius nicht überschritten werden. Um dies zu erreichen, müssen die weltweiten Emissionen von Treibhausgasen bis zum Jahr 2050 um zumindest 80 Prozent verringert werden. In diesem ersten Kapitel erfahren wir, warum dies nicht nur eine lösbare Aufgabe, sondern sogar eine historische Chance ist, was die Politik dafür leisten muss, mit welchen Tricks die Verhinderer agieren und wie ein grünes Wirtschaftswunder mit sechs Millionen neuen Arbeitsplätzen in Europa geschaffen werden kann.

»Es gibt heute schon einige Länder, die mehr Energie verbrauchen, als sie unter ihrer eigenen Erde haben, als sie selber brauchen. Und dieses wird zu Kriegen führen. Es sei denn, wir wechseln so schnell wie möglich zu den dauerhaft und überall verfügbaren Energiequellen der Sonnenwärme, der Wasserkräfte, der organischen Materialien, der Biomasse und des Windes.«
Svante August Arrhenius, schwedischer Chemie-Nobelpreisträger,
1896 Entdecker des Treibhauseffekts, im Jahr 1922

Cancun, Dezember 2010, Moon Palace Ressort: Tausende Diplomaten verhandeln bei der 16. UN-Klimakonferenz (COP16) ein Weltklimaübereinkommen. Es geht um nicht mehr und nicht weniger als die Rettung der Erde. Die Stimmung wird bestimmt von einer Mischung aus Depression, Angst, Verzweiflung. Niemand will die ersten Schritte allein gehen, alle beharren auf den Gleichschritt: Das bedeutet den Zwang zu Minimalkompromissen, zu Verhandlungen, die sich tagelang im Kreis drehen. Bald ist klar, dass es wieder – wie seit Jahren – nur mehr darum geht, die Tür offen zu lassen, die Fortsetzung des Verhandlungsprozesses zu ermöglichen. Denn das ist den Verhandlern klar: Ein völliges Scheitern würde auch sie selbst infrage stellen.

Cancun, Dezember 2010: Im Sonnenschein leuchtet das karibische Meer türkis, der Strand in strahlendem Weiß. – Einst ein Paradies, mutierte die mexikanische 700.000-Einwohner-Stadt während der vergangenen fünf Jahrzehnte zu einer Bettenburg für US-Touristen. Doch es ändert sich mehr: Der Anstieg des Meeresspiegels ist an der sensiblen Lagune bereits spürbar. Zur Stabilisierung der Strände müssen riesige Schiffslieferungen mit Sand von den vorgelagerten Inseln gebracht werden. Kostenpunkt, allein im Jahr 2010: sieben Millionen US-Dollar.

Ein Symbol für die Krankheit der Erde: 2010 war das heißeste Jahr seit Beginn der Temperaturaufzeichnungen. Ein Planet mit steigendem Fieber, ein Planet, dessen Krankheit 2010 deutlich spürbar war. Allein im Sommer verzeichnet man in 13 Regionen fürchterliche Wetterkapriolen. Bei Waldbränden in Russland sterben 56.000 Menschen, Fluten in Pakistan töten 2000 Menschen, 20 Millionen werden obdachlos. Später, im Winter, die nächsten Katastrophen: Hochwasser und Muren nach heftigen Überschwemmungen in Sri Lanka, Brasilien und Australien.

Tausende Ärzte stehen hier in Cancun am Krankenbett des Planeten. Sie wissen, was zu tun wäre, blockieren sich aber im Streit darüber, wer wie und nach welchen Regeln beginnen soll. Eine synchrone

Operation sei erforderlich, meinen sie. Von Kosten, Schwierigkeiten, dem »Burden Sharing«, der Aufteilung der Lasten, ist unentwegt die Rede. Die nötige Operation soll erst dann beginnen, wenn sich alle Ärzte einig sind, dies vertraglich besiegelt haben und dann gleichzeitig mit denselben Handgriffen beginnen. – So kann das nicht funktionieren. Die Sucht nach Gleichklang lähmt. *So wurden 20 kostbare Jahre für die notwendige Wende verloren.*

Im Jahr 1990, zu Beginn dieses Verhandlungsprozesses, wurden weltweit 22,7 Milliarden Tonnen CO_2 ausgestoßen; es ist das Basisjahr für die Berechnungen der künftigen Reduktionen. Heute, 21 Jahre und 16 UN-Weltklimakonferenzen später, sind es jährlich 31,1 Milliarden Tonnen. Wird die globale Bevölkerung, so wie von Experten prognostiziert, bis zur Mitte dieses Jahrhunderts um weitere 2,6 Milliarden Menschen zunehmen, werden die Pro-Kopf-Emissionen aber nicht drastisch sinken, droht 2050 ein Wert von 54 Milliarden Tonnen. Das wäre der Klima-GAU mit einer unvorstellbaren Temperaturerhöhung von acht Grad Celsius bis zum Jahr 2200. Zum Vergleich: Der Temperaturunterschied zwischen Eis- und Warmzeit betrug in der bisherigen Erdgeschichte rund fünf Grad Celsius.

Maximal zwei Grad Temperaturerhöhung bis Ende des Jahrhunderts ist das Ziel der EU und der internationalen Staatengemeinschaft. Zwei Grad mehr, das bedeutet vier Grad mehr im hohen Norden. Lediglich zwei Grad mehr, das bedeutet 2050 eine Jahresemission von lediglich drei Tonnen Kohlendioxid pro Kopf, zehn bis 20 Tonnen und teilweise sogar noch mehr sind es derzeit in den sogenannten entwickelten Ländern.

Cancun, Dezember 2010: Wenige Kilometer vor dem Luxusressort, das für zwei Wochen Tausende Diplomaten beherbergt, liegt die Insel Cozumel. Auch sie ist in ihrem Westteil schwer beschädigt: begehrtes Ziel von Luxuskreuzfahrtschiffen, die jedes Jahr sechs Millionen Touristen ans westliche Ende des verlorenen Paradieses spülen. Sechs Millionen Touristen, die jeweils sechs Stunden bleiben, um dann weiterzufahren, zum nächsten »Juwel«.

Im wunderschönen, unter Naturschutz stehenden Ostteil tagen gleichzeitig Vertreter von Umweltorganisationen aus fünf Ländern mit den größten Korallenriffen: Sie kommen aus Fidschi, Hawaii, Indonesien, Honduras und von hier, von Cozumel, der das zweitgrößte Korallenriff der Welt vorgelagert ist. Die Aktivisten lachen und sind verzweifelt. Sie lachen über die Unfähigkeit der Klimaverhandler, die, nur ein paar Kilometer von hier entfernt, keinen Rettungsplan schaffen, sie verzweifeln über ihre Beobachtungen der Riffe in ihrer Heimat, wo steigende Meerestemperaturen mehr und mehr Korallen töten.

Und sie berichten mir: Im Jahr 2050 wird die Hälfte der Korallenriffe nicht mehr existieren. Wenn es so weitergeht wie bisher. Cozumel, das ist eine flache Insel wie die Malediven, Tuvalu, Samoa, Kiribati. Sie alle werden im Fall der prognostizierten Erhöhung des Meeresspiegels um ein bis zwei Meter bis Ende des Jahrhunderts zum Großteil unter Wasser liegen. Wohin mit den jetzt 100.000 Einwohnern von Cozumel? Wohin mit den Fischern, den Arbeitern in Tourismusbetrieben, den Senioren und den Jungen, die ihr wunderschönes Cozumel lieben?

Cancun, 11. Dezember 2010: Der Spuk ist vorbei. Das Luxusressort leert sich, zurück bleiben Papierberge, jede Menge Frust und vernichtete Energie. Man hat sich darauf geeinigt, das schon im Vorjahr in Kopenhagen definierte Ziel festzulegen, eine Temperaturerhöhung von mehr als zwei Grad Celsius verhindern zu wollen. Ansonsten wurden die bereits im Vorjahr in Kopenhagen angekündigten freiwilligen und unverbindlichen Emissionsreduktionen »zur Kenntnis genommen«. Wieder stehen am Ende der Konferenz blumige Absichtserklärungen, wieder fehlt das, was die Erde am dringendsten braucht: ein verbindliches Übereinkommen, in dem sich alle Staaten zu einer konkreten und kontrollierbaren Reduktion der Treibhausgase verpflichten. *So wird die Zukunft des Planeten verspielt.* Einzig die eindrucksvolle Schlusserklärung der mexikanischen Außenministerin vermochte das totale Scheitern zu kaschieren.

UN-Generalsekretär Ban Ki Moon fand während der Konferenz in Cancun die richtigen Worte: »Es muss einmal, nur einmal, das nationale Interesse hintangestellt und die Bekämpfung der Klimakrise in den Mittelpunkt gestellt werden.« Der Appell verpuffte, wieder standen die nationalen Interessen im Mittelpunkt und brachten gegenseitige Blockade. Das bisherige Prinzip der Verhandlungen, die Suche nach Minimalkompromissen, die von allen getragen werden, ist gescheitert. *Dieses Ringen um den kleinsten gemeinsamen Nenner gibt den größten Bremsern die größte Macht. Und sie haben wieder einmal gesiegt.*

Cancun, 8. Dezember 2010: Ein fröhlicher Lord Nicholas Stern steht auf der Bühne des Bahia-Saals im Hilton-Hotel beim »Climate Leader Summit« – der Konferenz der Vorreiterregionen für den Klimaschutz. Braungebrannt, leger gekleidet, das weiße Hemd über der schwarzen Hose, keine Krawatte, kein Sakko, dafür aber eine klare Botschaft: »The real things happen!«, »Die Fakten sind längst Realität«, ruft der ehemalige Chefökonom der Weltbank in den Saal. Er, der seit Jahren präzise vorrechnet, dass Klimaschutz billiger und ökonomisch vernünftiger sei als die Reparatur der Klimaschäden, dass Klimaschutz große Wirtschaftsimpulse bringen könne, dass die »First-Mover« die wirtschaftlichen Gewinner sein werden, ist zufrieden und fühlt sich bestätigt. Denn der wirkliche Klimaschutz ist längst in Bewegung, wird von unten längst entwickelt, die weltweite Energierevolution ist im Entstehen.

»Hier, bei der Konferenz der Vorreiterregionen für Energiewende und Klimaschutz, haben wir gerade den Beweis erlebt, dass Klimaschutz nicht mehr zu stoppen ist, dass die notwendige Revolution längst begonnen hat und nicht mehr aufzuhalten ist«, so Stern weiter. Es ist, als würden die Regierungschefs und Minister der 60 Modellregionen von einer völlig anderen Welt berichten, von einer anderen Wirklichkeit auf unserem Planeten, als die nur wenige Kilometer entfernt tagenden Verhandler der UN-Weltklimakonferenz. Während die Verhandlungen für einen Weltklimavertrag immer und immer wieder scheitern, entsteht von unten eine Klima- und Energierevolution an vielen Punkten der Erde – in vielen Städten, Gemeinden und Regionen: *The real things happen! Bottom up statt top down! Die Vorreiter sind aufgebrochen!*

Eine Konferenz der Hoffnung und der Ermutigung. Die Erfolge, das Engagement und die ambitionierten Ziele beim jährlichen Leistungsbericht der 60 Mitglieder des Netzwerks der Modellregionen wirken vor 300 Journalisten der Weltpresse förmlich ansteckend – und genau das soll auch geschehen:

- Da berichtet Mike Rann, der Regierungschef **Südaustraliens**, von einem Ausstieg seines bisherigen Kohlestaates aus den Kohlekraftwerken, die innerhalb von acht Jahren auslaufen und geschlossen oder auf erneuerbare Energieträger umgestellt werden. Und von der gänzlichen Steuerbefreiung für Investitionen in erneuerbare Energie und Energieeffizienz.
- Da erzählt die euphorische Jane Davidson, Umweltministerin von **Wales**, voller Pathos davon, dass es neues Regierungsziel in Wales sei, die CO_2-Emissionen jährlich um 3 Prozent zu verringern und damit bis 2020 eine Reduktion von 40 Prozent zu erreichen.
- Vertreter **Kaliforniens** berichten, dass sie bis 2020 ihre Stromversorgung zu einem Drittel auf erneuerbare Energieträger umstellen werden. Vom neuen Gouverneur Jerry Brown erwarten sie dabei sogar noch mehr Tempo als von seinem Amtsvorgänger Arnold Schwarzenegger.
- Der Bürgermeister von **Kopenhagen** Frank Jensen stellt den Plan vor, bis 2025 als erste Großstadt der Welt völlig klimaneutral werden zu wollen.
- Edward Yau von der Regierung **Hongkongs** will seine Metropole zu einer der grünsten Städte der Welt machen.
- Die Vertreter der französischen Region **Rhône-Alpes** kündigen an, dass sie bis 2020 die Emissionen um 40 Prozent verringern werden.
- Und ich berichte bei dieser Bilanz der Modellregionen, dass wir in meinem Bundesland **Oberösterreich** unserem ambi-

tionierten Ziel, bis zum Jahr 2030 die Versorgung mit Elektrizität, Raumwärme und Kühlung zu 100 Prozent durch erneuerbare Energie sicherstellen zu wollen, große Schritte nähergekommen sind: Bereits 36 Prozent des gesamten Energieverbrauchs in Oberösterreich, 46 Prozent der Energie für Wärme und Kühlung und 86 Prozent der Elektrizität werden mit erneuerbarer Energie gedeckt. »That's world class«, lobt Lord Nicholas Stern.

Es ist ein positiver Wettbewerb der Ideen und Initiativen entstanden. In der Überzeugung, dass *Klimaschutz weder Last noch Risiko*, sondern eine Notwendigkeit für uns alle und unsere Kinder und eine *gigantische Chance für die Wirtschaft* ist. Jährlich werden von den Regionen Ziele definiert und öffentlich die Umsetzung präsentiert. Sensationelle Resultate werden so erzielt, ohne Verträge und Verhandlungen. Die hier anwesenden Vorreiter haben die grüne Energie als die Leitindustrie des 21. Jahrhunderts und als kräftigen Wachstumsimpuls für ihre Region entdeckt. Ganz einfach: *Things happen!*

Mike Rann erzählt mir, wie sich dieser Prozess in Australien entwickelt: »Zuerst war es mein Bundesstaat Südaustralien, der 20 Prozent Emissionsverringerung bis 2020 festschrieb. Als die anderen nachzogen, uns teilweise übertrafen, korrigierten wir unser Ziel auf 36 Prozent nach oben und fixierten Zusatzmaßnahmen. Wir wollen die führende Klimaschutzregion bleiben und so das Zentrum der grünen Technologie in Australien werden. *Denn die grünen Energien werden die Leitindustrie des 21. Jahrhunderts!*«

Ranns Heimat bekommt die Folgen der vom Klimawandel ausgelösten Wetterkapriolen bereits heftig zu spüren. Lange Dürreperioden und Hochwasser wechselten sich im letzten Jahrzehnt ab. Für ihn war es deshalb logisch, mit internationaler Vernetzung seinen Bemühungen mehr Kraft zu verleihen. Mit Jan Charest, seinem selbstbewussten Amtskollegen der kanadischen Provinz Quebec, gründete er am Rande der UN-Weltklimakonferenz 2005 in Montreal das Netzwerk der Modellregionen für Klimaschutz. Heute umfasst es 60 Regionen, die 15 Prozent der globalen Wirtschaftsleistung erzielen. 16 weitere Regionen streben die Mitgliedschaft an, darunter mehrere aus China, Mexiko und Malaysia.

Die Energierevolution wird bereits mit großem Tempo umgesetzt!

Die Energierevolution, die vierte industrielle Revolution, ist längst weltweit im Gange, angetrieben von ihren Pionieren. Sie bringt eine vollständige Umstellung der Energieerzeugung und der Energieverwendung: weg von den das Klima zerstörenden fossilen Energieträgern Öl, Kohle und Gas und hin zu einer vollständigen Umstellung auf Energieeffizienz, Energieeinsparung und erneuerbare Energie aus Sonne, Wind, Biomasse, Erdwärme und Wasser. Die Liste der bisher erzielten ersten Etappen der Energierevolution ist imposant:

- Die weltweite Leistung von netzbetriebenen Solarstromanlagen *vervierfachte* sich zwischen 2006 und 2009 von 5100 auf 19.000 Megawatt!
- Das Tempo des weltweiten Ausbaus von Solarstrom hat sich 2010 auf einen neuen Rekordwert gesteigert und ist neuerlich um 125 Prozent gewachsen, die Zahl der weltweiten Anlagen hat sich 2010 fast *verdreifacht!* 40.000 Megawatt sind am Netz!
- Ende 2011 wird die weltweit installierte Gesamtleistung von Fotovoltaik bei 60 Gigawatt liegen und einen Stromertrag liefern, der mit jenem aus *zehn großen Atomkraftwerken* vergleichbar ist!
- Allein in Deutschland ermöglichte das weltweit vorbildliche erneuerbare-Energien-Gesetz (EEG), dass sich der Anteil von Solarstrom am Gesamtstromverbrauch allein im Jahr 2010 durch die Installation von 230.000 neuen Fotovoltaikanlagen *verdoppelte!*
- Fast *verdreifacht* hat sich die Erzeugung von Solarstrom im Jahr 2010 in Frankreich, Japan, Australien und den USA –

14

vervielfacht in Italien, das damit mit einer zusätzlichen Jahreserzeugung von 5,8 Gigawatt bereits die weltweite Nummer zwei ist, für 2011 wird eine weitere Verstärkung des jährlichen Zubaus erwartet! Und auch in Tschechien setzt sich der solare Boom fort: 400 Megawatt im Jahr 2009 folgt ein Zubau von 800 Megawatt 2010!

- Der Anteil erneuerbaren Stroms hat sich innerhalb von zehn Jahren in Deutschland von 4,5 auf 17 Prozent, der Anteil der erneuerbaren am Gesamtverbrauch von 3 auf über 10 Prozent fast *vervierfacht*! Die Leistung von Strom aus Fotovoltaik ist in diesem Zeitraum von 76 auf 18.000 Megawatt, von jenem aus Windkraft von 6000 auf über 40.000 Megawatt gestiegen!
- Ende 2010 waren in Deutschland bereits 21.607 Windkraftanlagen in Betrieb!
- Die weltweite Leistung der Windenergie *verdoppelte* sich von 2006 bis 2009 von 74.000 auf 135.000 Megawatt!
- Allein in Deutschland hat sich die Stromerzeugung aus Biomasse innerhalb von zwölf Jahren *verzwanzigfacht*! In der EU kamen 2009 bereits 39 Prozent aller neu installierten Energiekapazitäten aus der Windenergie!
- In Schweden werden nach konstanten zweistelligen Steigerungen über 20 Jahre hindurch 32 Prozent der Energielieferungen durch Biomasse bestritten, damit wurden die *Öllieferungen bereits übertroffen*!
- Die weltweiten Investitionen in erneuerbare Energie haben sich von 2006 bis 2008 von 63 Milliarden Dollar auf 120 Milliarden Dollar ebenfalls *verdoppelt* und liegen nun bereits bei 150 Milliarden!

Real things happen! Ein gigantischer grüner Wirtschaftsmarkt ist entstanden und wächst ungebremst trotz Wirtschafts- und Finanzkrise, trotz des Scheiterns aller Weltklimakonferenzen. Eine der Konsequenzen daraus ist ein grünes Jobwunder: Fast 700.000 Menschen sind innerhalb der EU bereits im Bereich Ökoenergie beschäftigt,

allgemein in »green jobs«, also im gesamten Bereich des Umwelt-
schutzes, in Europa bereits 8,7 Millionen. Weltweit arbeiten derzeit
im Bereich erneuerbare Energien 2,3 Millionen Menschen, nach
Prognosen von »Worldwatch« werden 2030 allein im Bereich Wind-
und Sonnenenergie bereits acht Millionen beschäftigt sein. *Bis 2050
könnten in der EU 6,1 Millionen Menschen Jobs in der Branche erneuerbarer Energieträger finden.*

Niemand zweifelt mehr daran, dass die Klimakrise nur durch die
Umsetzung einer vollständigen Energiewende zu begrenzen ist, dass
diese nachhaltig unsere Versorgung mit Energie sichern wird. Ihre
ökonomische Sinnhaftigkeit und die technische Machbarkeit sind so
gut wie unbestritten. Eine breite Mehrheit in der Bevölkerung unterstützt die Energiewende. Wir können, wollen und müssen umsteigen. Dennoch wird vieles verhindert, blockiert und verzögert. Warum, von wem und wodurch?

Die Energiewende ist die einzige Chance für die Bekämpfung der Klimakrise!

Bei den Weltklimakonferenzen von Kopenhagen und Cancun haben
sich die Regierungsvertreter als einziges echtes Ergebnis darauf geeinigt, die durchschnittliche Temperaturerhöhung der Erde bis 2100
auf maximal zwei Grad Celsius zu begrenzen. Dadurch soll die Klimakrise wenigstens begrenzt werden. Berechnungen der Vereinten
Nationen haben ergeben, dass die bisher in Aussicht gestellten Reduktionen von Treibhausgasen jedoch weit davon entfernt sind, dieses Ziel erreichen zu können. Sie würden zu einer Temperaturerhöhung von 3,5 bis vier Grad Celsius bis 2100 führen. Was ein solches
Ausmaß der Erwärmung bedeuten würde, berechnete die britische
»Royal Society« Anfang 2011:[1]
- Der Meeresspiegel würde zwischen einem halben und zwei Metern ansteigen. Das könnte dazu führen, dass bis zu 187 Millionen Menschen in den flachen Küstenregionen im Verlauf die-

ses Jahrhunderts ihre Heimat verlassen müssen. Selbst beim unwahrscheinlichen Fall eines vollständigen Schutzes der am stärksten betroffenen Küstenregionen durch Dämme müssten mindestens 305.000 Menschen umgesiedelt werden. Allein in Europa würde der Küstenschutz langfristig 40 Milliarden Euro pro Jahr kosten. Ärmere Länder, meist keine Verursacher der Klimakrise, werden sich dies nicht leisten können. Schmilzt allein das Grönland-Eis, würde dies den Meeresspiegel um sieben Meter steigen lassen. Schon jetzt geht ein Viertel des Anstiegs auf tauende Grönlandgletscher zurück.[2]

- Viele Betroffene würden zu Klimaflüchtlingen werden, die Migrationsbewegungen sich drastisch verstärken.
- In weiten Teilen Afrikas würde eine Temperaturerhöhung um vier Grad Celsius zu Wasserknappheit und zu einer dramatischen Verkürzung der Vegetationszeit und damit zu deutlichen Ernteeinbußen führen. Immer häufiger würden Ernten aufgrund von extremen Wetterereignissen ganz ausfallen; in weiten Teilen südlich der Sahara langfristig jede zweite. Der Weltklimarat (IPCC) befürchtet, dass Hunderte Millionen Menschen mit Wasserknappheit konfrontiert sein werden. In Teilen Afrikas steht schon jetzt nur noch halb so viel Wasser zur Verfügung wie vor 30 Jahren.
- Trockene Regionen werden deutlich dürrer, in feuchten Regionen nehmen Niederschläge zu.
- Die Temperaturerhöhungen würden sich regional sehr unterschiedlich entwickeln: In der Arktis etwa könnte es bei einem weltweiten durchschnittlichen Temperaturanstieg von vier Grad in den Wintermonaten um zwölf bis 16 Grad Celsius wärmer werden.
- Anders Levermann vom Potsdam-Institut für Klimafolgeforschung[3] rechnet bei Fortsetzung des aktuellen Emissionstrends mit einer Temperaturerhöhung von acht Grad Celsius bis zum Jahr 2200. Bei einer so extremen Temperaturerhöhung würden wahrscheinlich weite Regionen der Erde unbe-

wohnbar werden. Unsere Zivilisation könnte sich dem nicht mehr anpassen.

Um die Klimakrise nicht unkontrollierbar werden zu lassen und das von der Staatengemeinschaft beschlossene Zwei-Grad-Ziel zu erreichen, müssen die weltweiten CO_2-Emissionen bis 2050 zumindest von den Hauptverursachern um rund 80 Prozent verringert werden. Seit 1990 stiegen die weltweiten CO_2-Emissionen um 40 Prozent. In relativ kurzer Zeit ist also vieles möglich, doch es bedarf einer abrupten Trendwende, die in diesem Jahrzehnt eingeleitet werden muss.

Derart hohe Emissionsverringerungen können nur erreicht werden, wenn wir die Art und Weise, wie wir Energie produzieren und verwenden, radikal verändern. Gelingt es, zu 100 Prozent auf erneuerbare Energieträger umzusteigen, dann reduzieren wir automatisch die Emissionen der Treibhausgase um bis zu 80 Prozent. Dieses Jahrzehnt muss also das Jahrzehnt der Energierevolution werden, um die Klimakrise zu begrenzen, ihre Schäden und Kosten zu beschränken und unseren Wohlstand und unsere Lebensqualität durch ein grünes Wirtschaftswunder zu sichern.

Die Energiewende ist wirtschaftlich höchst sinnvoll!

Die Abhängigkeit vom Öl schafft enorme Kosten. Die Abhängigkeit der globalen und globalisierten Wirtschaft von fossilen Energieträgern verstärkte sich während der vergangenen Jahrzehnte massiv. Steigende Kosten durch Energieimporte belasten regionale Wirtschaftsräume immer stärker. Deutschland importierte 1950 5 Prozent der Rohstoffe für Energieerzeugung, heute sind es bereits 75 Prozent. In Österreich werden momentan rund 70 Prozent des Energiebedarfs durch Importe gedeckt – meist verbunden mit weiten Transportwegen.

Je nach Öl- und Gaspreis kostet dies Österreich rund 10 bis 14 Milliarden Euro pro Jahr. Mit steigender Tendenz: Lagen die Importkosten 2002 bei 5,5 Milliarden, so stiegen sie 2004 auf 8,2 Milliarden, 2006 auf 11,8 Milliarden Euro. Zum Vergleich: sechs Milliarden Euro widmete Österreich 2009 einem historisches Konjunkturpaket zum Kampf gegen die Wirtschaftskrise.

Die EU muss derzeit mehr als 55 Prozent ihrer Energie importieren. Hält der derzeitige Trend an, würde sich dies in 20 Jahren auf 70 Prozent erhöhen. Dann müssten 84 Prozent des Gases, 59 Prozent der Kohle und gar 94 Prozent des Öls importiert werden. Berechnungen der EU-Kommission aus dem Jahr 2008 ergaben, dass Energieimporte jedem europäischen Bürger und jeder Bürgerin 700 Euro pro Jahr kosten. Würden sich Staaten durch Eigenversorgung auf Basis erneuerbarer Energieträger diese enormen Importkosten ersparen, wäre dies also auch ein markanter Impuls für die Konjunktur. Dazu kämen eine sprunghafte Verbesserung der Handelsbilanzen, hohe zusätzliche Wertschöpfung aus der Region sowie ein kräftiger Investitionsschub für die Realwirtschaft. Sonne und Wind, Wasser und Geothermie haben einen großen Vorteil: Die Anlagen laufen ohne Brennstoffkosten. Die Preise von regional erzeugter Biomasse sind seit Jahren sehr stabil und liegen deutlich unter dem Ölpreis. Im Jänner 2011 beispielsweise kosteten Pellets die Hälfte von Heizöl extraleicht.

Abhängigkeit vom Öl treibt die Weltwirtschaft in die Krise. Fast alle Bereiche unserer Wirtschaft basieren auf fossilen Energieträgern. Der globale Energieverbrauch wird zu 36 Prozent mit Öl, zu jeweils weiteren 20 Prozent mit Kohle und Gas, aber nur zu gut 12 Prozent mit erneuerbarer Energie gedeckt. Chemie- oder Stahlindustrie, genauso wie die Energieversorgung: Alle Leitindustrien reagieren sensibel auf die Kursachterbahnen der fossilen Energieträger. Den Grad der Verwundbarkeit illustrierte, wie die Vervielfachung des Ölpreises zwischen 2007 und 2008 das globale Wirtschaftswachstum sofort markant bremste.

Eine Berechnung der EU-Kommission im Jahr 2008 ergab, dass eine Ölpreiserhöhung um rund zehn US-Dollar pro Barrel das Wirtschaftswachstums um einen halben Prozentpunkt dämpft. Wirtschaftsforscher des oberösterreichischen Energieinstitutes an der Universität Linz haben die konkreten Auswirkungen auf das Bundesland Oberösterreich berechnet:[4] Auch hier war ein Anstieg des Ölpreises um zehn Dollar Basis der Kalkulation. Die Folge für das Regionalprodukt: minus 135 Millionen Euro pro Jahr, 910 Jobs weniger.

Niemand kann die Entwicklung des Ölpreises präzise vorhersagen, aber kein Wirtschaftsforscher zweifelt an einem weiteren rasanten Anstieg binnen weniger Jahr auf 200 US-Dollar und mehr. Die Nachfrage überflügelt mehr und mehr die Förderung, der Rohstoff wird knapper, immer aufwendigere Bohrtechniken sind nötig, Konflikte in und um ölreiche Regionen, Spekulation: All dies bringt die Preisspirale in Gang. Ein dramatischer Anstieg des Ölkurses kann eine Weltwirtschaftskrise auslösen, die jene der Jahre 2008/2009 dramatisch übertrifft. Wir sind derzeit also auf Gedeih und Verderb Öl, Kohle und Gas ausgeliefert, wirtschaftlich wie auch politisch erpressbar. Die Energierevolution hingegen schafft Unabhängigkeit und Stabilität.

Abhängigkeit vom Öl verursacht bereits heute enorme Klimakosten. Die Klimakrise verursacht bereits heute enorme Schäden und Kosten. Laut Daten der »Münchner Rückversicherung« sind bereits enorme volkswirtschaftliche Schäden durch den Klimawandel entstanden. Der Chef des weltgrößten Rückversicherers, Nikolaus von Bomhard, warnt vor der Fortsetzung des Trends: »Wir vermuten, dass heutzutage Jahr für Jahr ein niedriger zweistelliger Milliardenbetrag der Schäden auf den Klimawandel zurückzuführen ist. Und diese Schäden werden in Zukunft dramatisch zunehmen.« Die britische »Royal Society« rechnet im Jahr 2100 gar mit einem Anstieg auf 270 Milliarden US-Dollar Schäden pro Jahr.

Bereits jetzt kommt uns der Kampf gegen die Folgen des Klimawandels teurer als die Investitionen zur Vorsorge gegen den Klimawandel, also teurer als die Energiewende. Lord Nicholas Stern hat dies bereits 2006 eindrucksvoll in seinem bahnbrechenden 700-Seiten-Bericht »Review on the Economics of Climate Change« im Auftrag der britischen Regierung vorgerechnet. Investitionen in die Vorsorge, also Investition in die Energierevolution, reduzieren die Folgekosten und stimulieren unsere Wirtschaft.[5] Je früher gehandelt wird, desto wirtschaftlicher ist dies.

Allein durch die ersten Investitionsschübe in die neue grüne Wirtschaft durch das deutsche erneuerbare-Energien-Gesetz (EEG) konnte nicht nur eine stärkere Senkung der CO_2-Emissionen als durch den internationalen Emissionshandel erzielt werden, sondern auch 340.000 neue Arbeitsplätze geschaffen werden. Die Energieumstellung ist derzeit die größte Chance, um der globalen Konjunktur einen dauerhaften Impuls zu geben. Klimaschutz durch die Energiewende ist daher das beste Rezept gegen die Folgen der Wirtschaftskrise.

Die Abhängigkeit von Öl bringt Armut und Krieg. Jeder Bürger, jede Bürgerin der EU gibt pro Jahr alles in allem im Durchschnitt rund 3000 Euro für Energie aus: vom Treibstoff fürs Auto bis zur Heizung, der Stromversorgung, dem Konsum. Die Lebenshaltungskosten sind also massiv von der Entwicklung des Ölpreises abhängig. Steigt dieser an und ändert sich nichts an der Abhängigkeit, führt dies zu einer massiven Verschärfung der sozialen Lage. Im Vergleich zum Öl-Billigstpreis 2009 würde sich Heizöl extraleicht beispielsweise bei einem Ölkurs von 200 Dollar um rund 300 Prozent verteuern, Benzin um rund 85 Prozent.

Das Energieinstitut der Universität Linz illustrierte diesen enormen Preisschub anhand eines konkreten Beispiels: Welche Auswirkungen hatte die Ölpreisentwicklung zwischen Januar 2004 und Februar 2008 auf die Lebenshaltungskosten einer dreiköpfigen Familie, die in der Stadt lebt? Ergebnis: Die jährlichen Heizkosten (Berechnungsgrundlage: Gas) steigen um 122 Euro, die Benzinkosten um 366 Euro, die Stromrechnung um 56 Euro. Macht alles zusammen 544 Euro; ein deftiges Plus, sogar bei einer – wie in diesem Beispiel – unterdurchschnittlich stark betroffenen Familie (keine Ölheizung, keine Pendler). Für immer mehr Betroffene werden steigende

Energiekosten zur gefährlichen Armutsfalle. Gerade Menschen mit geringem Einkommen, die am stärksten betroffen sind, können sich die Umstellung auf erneuerbare Energie und Energieeffizienz nicht leisten, ein Teufelskreis entsteht.

Wirtschaftlich weniger entwickelte Regionen der Erde werden durch die Steigerung von Energiekosten aber noch viel stärker getroffen als Industrieländer. Eine zentrale Form der Not, die sogenannte »Energiearmut«, wird weiter verstärkt. Rund zwei Milliarden Menschen verfügen über keinen Zugang zu Elektrizität. Während ihre Lage durch höhere Preise für fossile Rohstoffe weiter aussichtslos bliebe, könnte ein verstärkter Einsatz von erneuerbaren Energieträgern nicht bloß ihre Regierungen aus der Schulden- und Abhängigkeitsfalle von Energieimporten befreien, es wäre auch ein kräftiger Schub von individueller Entwicklung.

Elektrizität aus Fotovoltaikanlagen beispielsweise ermöglicht eine dezentrale Versorgung und beschleunigt die Verbesserung der Infrastruktur. Dort, wo Strom vorhanden ist, können Pumpen zur Bewässerung betrieben werden, Wasser wird entsalzt, abends kann gelesen, gelernt und am Computer gearbeitet werden.

Bangladesch führt derzeit vor, wie groß dieses Potenzial ist: Es ist eines der ärmsten und eines der von der Klimakrise am stärksten gefährdeten Länder der Welt. Lediglich 47 Prozent der über 160 Millionen Einwohner leben in Haushalten, die ans Stromnetz angeschlossen sind; ein Drittel der Menschen ist arm. Bangladesch ist aber auch Ort einer stillen Revolution: Dank eines »Projektes zur Entwicklung erneuerbarer Energien in ländlichen Gebieten« (REREDP) verfügen bereits 7,5 Millionen Menschen über Solarstrom. Und jeden Monat erhalten 10.000 weitere Familien eine Fotovoltaikanlage, finanziert durch Mikrokredite.[6]

erneuerbare Energieträger sind in gigantischem Ausmaß vorhanden. Würde man die heute verfügbaren Technologien einsetzen, könnten sie fast 4000 Mal mehr Energie schaffen, als global verbraucht wird. Sie sind dazu eine sprudelnde Quelle für Wohlstand. Ganz anders verhält es sich bei fossilen Energieträgern: Sie drohen unseren Wohlstand zu gefährden; mehr noch, sie bergen das Risiko militärischer Konflikte. Je knapper die Rohstoffe werden, desto härter wird der Verteilungskampf. Die Kriege um die Öl- und Gasquellen des Irak, 1991 und dann nach 2003, waren ein Vorgeschmack darauf, der – noch – Kalte Krieg des Westens gegen den Iran könnte zur nächsten Schlacht um fossile Ressourcen eskalieren.

Schließlich führt die Klimakrise zu steigenden Lebensmittelpreisen. Ein Beispiel: 2010 war Australien noch der viertgrößte Weizenproduzent der Welt. Gerade hatten sich die Erträge von den Folgen der Dürre erholt, als eine Hochwasserkatastrophe die Ernten teilweise zunichtemachte. Das Klimaphänomen »La Niña« wurde durch die Klimaveränderung stark verstärkt, höhere Wassertemperaturen vor Australien führten zu einem massiven Anstieg der Niederschläge. Durch lang anhaltende Dürre wird zum selben Zeitpunkt, Anfang 2011, mit enormen Ernteausfällen in Südamerika gerechnet. Gleichzeitig erlebt der Amazonas-Regenwald in Brasilien die bisher schlimmste Dürre seit Beginn der Aufzeichnungen – Wissenschaftler befürchten, dass sich die größte Klimaanlage der Welt in dieser Phase bereits von einem CO_2-Speicher zu einem Emittenten verkehrt.[7] Im Sommer 2010 wurde durch die Brände in Russland, wo es heiß wie nie zuvor war, die Getreideernte geschädigt. Die UN-Ernährungsagentur warnt vor allem vor den Auswirkungen der dramatischsten Dürre seit 60 Jahren in Teilen Chinas zu Jahresbeginn 2011 auf die Lebensmittelversorgung.[8] Die Preise von Getreide steigen dramatisch. Wieder sind die Ärmsten am stärksten betroffen.

Die Unabhängigkeit vom Öl schafft Demokratie. Die gigantischen Beträge für Energielieferungen fließen großteils in die Schatullen der wenig demokratischen Regime der Lieferländer. Autoritäre Herrscher, wie beispielsweise in Saudi-Arabien, dem Land mit den größten Ölreserven, können sich nur durch diese reichlich sprudelnden Einnahmequellen an der Macht halten. Und diese Macht nutzen sie auch dazu aus, Frauen brutal zu unterdrücken, wegen »moralischer« Delikte nach steinzeitlichen Gesetzen hinzurichten oder auszupeit-

23

schen, ihnen die Teilnahme am öffentlichen Leben zu verweigern. Und das wird großzügig mit unseren Importen subventioniert. Oder wollen wir Herrschern wie Irans Präsident Mahmoud Ahmadinejad, Herr über die zweitgrößten Reserven, das nötige Kleingeld für die Arbeit am Atomprogramm sichern?

Versiegt die Nachfrage nach Öl, bricht die Macht vieler Despoten. Am anderen Ende der Pipeline stützt der Einsatz fossiler Energieträger das Monopol der Konzerne. Werden die Konsumenten, wie im Fall von Solarenergie, von Konsumenten zu Erzeugern und Lieferanten für den Energiemarkt, wird die Versorgung dezentralisiert, bedeutet dies auch in den Industrieländern einen Schub hin zu partizipativer Demokratie, in der die Bevölkerung aktiv am politischen Leben teilhaben kann.

Der vollständige Umstieg auf erneuerbare Energieträger ist in den Industrieländern möglich – Europa kann Vorreiter sein!

Derzeit stellt Erdöl in der EU mit über 36 Prozent den größten Anteil des Primärenergieverbrauchs, Erdgas stellt über 24 Prozent, Kohle überraschende 17 Prozent. Die heute 12 Prozent erneuerbare Energieträger werden überwiegend aus Biomasse erzeugt. Etliche Institute haben es aber vorgerechnet: *Die EU kann ihren Energiebedarf bis 2050 nahezu vollständig, Strom zu 100 Prozent mit erneuerbaren Energieträgern decken*, falls der politische Wille dafür vorhanden ist und in den kommenden Jahren rechtzeitig die Weichen gestellt werden. Mit einer globalen Energiewende ist es möglich, die weltweiten Treibhausgase um 80 Prozent zu verringern und so einen wesentlichen Beitrag dafür zu leisten, dass der Klimawandel nicht zur unkontrollierbaren Katastrophe wird.

Beispiel Deutschland, solare Wärmeerzeugung: Deutsche Forscher gehen davon aus, dass Solarthermie bis 2030 zur kostengünstigsten Wärmequelle wird und langfristig die Hälfte des deutschen Wärmebedarfs abdecken wird.[9]

Beispiel Deutschland, Windstrom: Deutschland verbraucht derzeit jährlich etwas über 600 Terawattstunden Strom. Würde die Steigerung der Erzeugung von Windstrom aus den Jahren 1990 bis 2009 auch in diesem Jahrzehnt fortgesetzt, dann könnte Deutschland das Dreifache der Stromerzeugung nur mit dieser Quelle decken. Würde sich das Wachstum der letzten Jahre bei der Windstromerzeugung weltweit in diesem Jahrzehnt fortsetzen, dann würden 2020 rund 20 Prozent des globalen Stromverbrauchs durch Windstrom erzeugt. 2010 wurden in Deutschland 759 neue Windkraftanlagen errichtet, weltweit wurde ein Zuwachs um 22 Prozent verzeichnet. Strom aus Windkraft wird in einigen Regionen schon jetzt, in Deutschland spätestens in vier bis fünf Jahren zu gleichen Preisen wie Kohlestrom erzeugt. In Deutschland waren Ende 2010 bereits 27,2 Gigawatt Windkraft installiert. An Atomkraft sind noch 20,5 Gigawatt am Stromnetz.

Beispiel Deutschland, Sonnenstrom: Energieexperten rechnen damit, dass der Anteil von 2 Prozent der Stromerzeugung durch Solarstrom bis 2020 auf 10 Prozent und bis 2050 auf 30 Prozent wachsen wird.

Die ehemals »Alternativen« genannten erneuerbaren Energieträger sind also längst keine Nische mehr, sondern können in Verbindung mit Einsparung und Effizienzsteigerung sowie intelligenten Netzen und Energiespeichern schrittweise die gesamte Energieerzeugung übernehmen. Der »Europäische Rat für erneuerbare Energien« (EREC) zeigt in seinem Konzeptpapier »RE-thinking 2050«[10] auf, dass dies technisch möglich, finanzierbar und umsetzbar ist. Der EREC ist sozusagen die »vereinigte Stimme« von Unternehmen, die in Europa im Bereich der erneuerbaren Energie tätig sind, die

550.000 Menschen beschäftigen und jährlich einen Umsatz von 70 Milliarden Euro erwirtschaften.

Erklärtes Ziel der EU ist es, dass bis zum Jahr 2020 erneuerbare Energieträger zumindest 20 Prozent des Endenergieverbrauchs liefern; 2005 waren es gut 8 Prozent. Wobei die Ausgangslage in Europa höchst unterschiedlich ist: von Großbritannien mit 1,3 Prozent (2005) bis Schweden, das es durch konsequenten Ausbau der erneuerbaren Energie und die bereits 1990 eingeführte CO_2-Steuer auf stolze 39,8 Prozent bringt und damit Weltmeister ist. Um das gemeinsame Ziel auch gemeinsam erreichen zu können, wurde deshalb jedem Mitgliedsstaat ein spezifisches Ziel zugeteilt, das bis 2020 zu erreichen ist.

Während das Ziel des Anteils der erneuerbaren Energie am Energiemix bindend ist, wurde das ebenso beschlossene Energieeffizienzziel der EU auf freiwilliger Basis vereinbart. Folge: Nach internen Prognosen der EU-Kommission werden die Mitgliedsstaaten bei Fortsetzung der derzeitigen Trends ihre Effizienz um lediglich 10 Prozent steigern. Dabei ist Energieeffizienz *der* Schlüssel, um in der EU bis 2050 auf 100 Prozent erneuerbare Energie umstellen zu können. Wenn es gelingt, *den Energieverbrauch um mehr als ein Drittel zu verringern*, dann ist die vollständige Umstellung bei einem schrittweisen Nutzen der vorhandenen Potenziale an erneuerbaren Energieträgern möglich.

Das heißt, laut den Berechnungen in »RE-thinking 2050«, für die Umstellung auf 100 Prozent Strom aus erneuerbaren Energieträgern, dass sich die installierte Leistung von Windenergie um das Achtfache steigern muss, Fotovoltaik um das 200-Fache, Geothermie um das 50-Fache, Biomasse um das Fünffache, und dass sich – wenn auch in einem vergleichsweise geringeren Anteil – der Einsatz von Wasserkraft erhöhen muss. Bei der Versorgung mit Wärme und für die Kühlung im Sommer, die derzeit für die Hälfte des Energieverbrauchs der EU verantwortlich sind, muss vor allem auf rasante Zuwächse bei der Kapazität von Solarthermie (um mehr als das 100-Fache), Erdwärme und Biomasse gesetzt werden.

26

Brisant ist natürlich die Frage des Ersatzes von Treibstoffen: Die Studie geht zwar von einem exponentiellen Wachstum des Einsatzes von Biotreibstoffen aus, hauptsächlich soll Mobilität allerdings durch Elektrizität, im Idealfall durch öffentlichen Verkehr gedeckt werden. Biotreibstoffe der zweiten Generation (etwa aus Pflanzenresten) sollten für Schwerkraftfahrzeuge reserviert werden. Noch nicht geklärt, das geben die Autoren zu, ist die Substitution von Treibstoffen für den Flugverkehr. Diese dürften auch 2050, so der heutige Stand, noch fossile Energieträger benötigen; dies macht aber nur noch wenige Prozentpunkte aus.

Der Kostenpunkt der nötigen Umstellung auf 100 Prozent erneuerbare Energieträger klingt auf den ersten Blick beträchtlich: insgesamt 2,8 Billionen Euro. Das »Aber« wiegt hier allerdings gewaltig. Dieser Betrag würde sofort durch die nicht mehr nötigen Zahlungen für CO_2-Verschmutzung ausgeglichen. Und dem stehen Einsparungen der Kosten für Energieimporte von 1,6 Billionen Euro gegenüber. Doch das Wichtigste: Um 90 Prozent würden dadurch die Emissionen von CO_2 reduziert.

Die Machbarkeit dieser – aus heutiger Sicht – gigantischen Einsparung von Treibhausgasen illustriert auch eine Studie der »European Climate Foundation« (ECF), die »Roadmap 2050«. Darin wurde untersucht, ob das von der EU angepeilte Ziel einer Reduktion von CO_2 um 80 Prozent bis 2050 überhaupt technisch zu bewältigen ist. »Ja«, lautet der Befund. Wieder basiert dies auf 100 Prozent Einsatz von erneuerbaren Energieträgern in der Stromerzeugung sowie einer schrittweisen Erhöhung der Energieeffizienz um 2 Prozent pro Jahr.[11]

Wir reden also von keiner Utopie, *wir reden von technisch machbaren, nicht bloß finanzierbaren, sondern gewinnbringenden Alternativen.* Szenarien, die nicht bloß auf EU-Ebene möglich sind, sondern weltweit, wie die beiden US-amerikanischen Forscher Mark Z. Jacobson und Mark A. Delucchi bereits 2009 gezeigt haben.[12] Sie gehen davon aus, dass man für eine Umstellung der globalen Energieversorgung auf 100 Prozent erneuerbare Energie vor allem massiv in den Ausbau von Windenergie, in Gezeitenkraftwerke, Wellenkraft sowie massiv in Fotovoltaik investieren muss. Der Preis der Investitionen sei nicht höher als die Kosten für neue AKW oder fossile Kraftwerke.

Zu einem ähnlichen Schluss, wenn auch von deutlich höherem Ausgangsniveau und daher kürzerem Umstellungszeitraum, kommt man in meinem Bundesland Oberösterreich.[13] Basierend auf einer Analyse unserer Ressourcen haben wir das politische Ziel definiert, bis 2030 bei Wärme von Elektrizität vollständig auf erneuerbare Energieträger umzustellen. Durch die schrittweise Umsetzung von 148 konkreten Detailmaßnahmen mit dem Schwerpunkt Energieeffizienz wird dies möglich. Oberösterreich ist mit einem Anteil von 36 Prozent erneuerbare Energie am Gesamtverbrauch, 46 Prozent Ökowärme und 86 Prozent erneuerbarem Strom am Gesamtstromverbrauch punktgenau am Weg und damit eine der Top-Regionen der Welt.

Die konkreten Detailziele für das Erreichen des 100-Prozent-Ziels in Oberösterreich sind folgende: Der Wärmebedarf soll innerhalb von 20 Jahren um 39 Prozent verringert, der Stromverbrauch jährlich um einen halben Prozentpunkt reduziert werden. Die Energieeffizienz steht also im Mittelpunkt unseres Energiewendeprogrammes. Im Weiteren wird es nötig sein, den Ertrag aus Solarstrom um das 40-Fache zu erhöhen, die Solarthermie muss sich verdreifachen, ebenso die Geothermie wie auch die Nutzung der Abwärme. Die Stromerzeugung durch Biomasse muss sich um das Achtfache steigern. All diese Detailziele wurden auf Basis einer umfassenden Untersuchung der vorhandenen und umweltverträglich nutzbaren Potenziale an erneuerbarer Energie erstellt, sind also keine theoretischen Schreibtischwerte, sondern real vorhanden und umsetzbar.

Auch in Deutschland wurde bereits belegt, dass die Umstellung auf 100 Prozent erneuerbaren Strom bis 2050 möglich ist.[14] Im »Energieziel 2050 – 100% Strom aus erneuerbaren Quellen«, das 2010 im Auftrag des deutschen Umweltbundesamtes von renommierten deutschen Energieexperten erstellt wurde, wird aufgezeigt, wie eine Steigerung des Anteils von erneuerbaren Energieträgern bei der Stromerzeugung von derzeit 17 Prozent innerhalb von 40 Jahren auf 100 Prozent ausgebaut werden kann. Auch der deutsche »Sachverständigenrat für Umweltfragen« belegt im Januar 2011 in unterschiedlichen Szenarien, dass die Stromversorgung Deutschlands bis 2050 auf erneuerbare Energie umgestellt werden kann, »mit Anstrengung sogar bis 2035«. Schon in den vergangenen Jahren hat Deutschland durch das erneuerbare-Energien-Gesetz (EEG) einen bemerkenswerten Ausbau des erneuerbaren Stroms geschafft und diesen innerhalb von zehn Jahren mehr als verdreifacht.

Sogar in den USA wird der vollständige Umstieg geplant: Präsident Obama definierte im Januar 2011 das Ziel, die Stromversorgung bis 2035 zu 80 Prozent auf saubere Energieträger umzustellen. Laut einer Prognose der Europäischen Kommission[15], die sich auf Schätzungen und Absichtserklärungen großer Energieversorger stützt, werden bis 2030 bereits zwei Drittel der neuen Kapazitäten zur Stromerzeugung auf erneuerbarer Energie basieren; bereits 2010 waren es schon knapp mehr als die Hälfte der neu errichteten Anlagen zur Energieerzeugung. Und in welchem Tempo vieles möglich ist – falls der politische Wille vorhanden ist –, hat die Gegenseite bereits bewiesen: Frankreich hat im letzten Jahrhundert innerhalb von nur zwölf Jahren den Anteil der Atomenergie an der Gesamtstromerzeugung von null auf 70 Prozent erhöht.

Die 100-Prozent-Bewegung schafft mit der Energierevolution das grüne Wirtschaftswunder!

Grüne Technologien sind die Leitindustrie des 21. Jahrhunderts. Wer rasch und konsequent in die Energiewende investiert, wird am stärksten profitieren. Die von der EU-Kommission finanzierte Studie »The Impact of Renewable Energy Policy on Economic Growth and Employment in the European Union« kommt zum Schluss, dass nach Umsetzung des durchaus bescheidenen aktuellen 20-Prozent-Ziels an erneuerbaren Energieträgern bis 2020 in Europa im Bereich der Energiewirtschaft 2,8 Millionen Jobs vorhanden sein werden, darunter 410.000 zusätzliche im Bereich der erneuerbaren Energie und der Energieeffizienz. Eine Umstellung auf 100 Prozent erneuerbare Energie würde bis 2050 sogar 6,1 Millionen Jobs allein in der Energiebranche schaffen. Der Report »New Groth Path for Europe« – erstellt im Auftrag des deutschen Umweltministeriums – geht bei einer Erhöhung des EU-Einsparungspotentials bei CO_2 von 20 auf 30 Prozent sogar von 6 Millionen neuen Jobs in der Gesamtgesellschaft Europas aus. Gelingt diese Energiewende weltweit, dann werden allein im Bereich der Fotovoltaikwirtschaft bis 2050 global rund fünf Millionen neue Arbeitsplätze entstehen.

Schon jetzt steigt die Zahl der Jobs in der Ökoenergie-Branche in Europa sprunghaft an: Von 200.000 Arbeitsplätzen im Jahr 2004 im Bereich der erneuerbaren Energie auf mittlerweile fast 700.000. *Die grüne Wirtschaft ist die mit Abstand größte Wachstumsbranche.* Experten des deutschen Bundesumweltministeriums erwarten, dass sich die Zahl der Beschäftigten im Bereich erneuerbarer Energieträger bei Beibehaltung des Kurses von derzeit 340.000 bis 2020 auf 450.000 bis 580.000 erhöhen wird.[16] Insgesamt sind derzeit bereits 1,8 Millionen Deutsche im Bereich aller grünen Technologien für den Umweltschutz tätig.[17] *Und das war lediglich der Anfang!*

Globaler Investitionsschub kurbelt grünes Wirtschaftswunder an

Weltweit steigen die Investitionen in Energieeffizienz und erneuerbare Energieträger sprunghaft an, der ganz große Schub wird jedoch durch den wachsenden Druck der Klimakrise und der steigenden Ölpreise in den nächsten Jahren und Jahrzehnten erfolgen:

* Schon im Jahr 2009 investierte China mehr als 34 Milliarden Dollar in erneuerbare Energie. Bis zum Ende dieses Jahrzehnts wird eine Verdoppelung der Investitionen erwartet.
* Würden alle asiatischen Staaten bis 2020 einen Anteil von 20

Prozent erneuerbarer Energie festlegen, würden dazu Investitionen von einer Billion US-Dollar nötig sein.

- Bereits heute werden weltweit rund 150 Milliarden Euro pro Jahr in erneuerbare Energietechnologien investiert. In einer für das deutsche Bundesumweltministerium erstellten Studie wird ein Anstieg der jährlichen Investitionen in erneuerbare Energie bis 2050 auf 900 Milliarden Euro prognostiziert.[18]
- Laut Prognose weiterer Studien im Auftrag des deutschen Bundesumweltministeriums werden in den nächsten Jahren die Märkte für erneuerbare Energie in Afrika und dem Mittleren Osten mit jährlich 12,5 Prozent besonders hohe Wachstumsraten aufweisen. Für Nordamerika werden 11 Prozent, für Indien 10 Prozent erwartet. 2050 ist China der größte Markt mit knapp 170 Milliarden Euro pro Jahr, Indien und das übrige Asien kommen auf zusammen 160 Milliarden, Nordamerika auf 150 Milliarden Euro pro Jahr.[19]
- »Bloomberg News Energy Finance« legte Ende 2010 eine Studie vor, die zeigt, dass bei Fortsetzung des derzeitigen Trends in den Jahren bis 2020 insgesamt 1,7 Billionen Dollar in erneuerbare Energien investiert werden.
- Um die Klimakrise wie notwendig einzudämmen, wäre aber eine Steigerung der Investitionen um weitere 546 Milliarden Dollar erforderlich.
- Der weltweite Gesamtmarkt für alle grünen Technologien wird bis 2020 auf 3,2 Milliarden US-Dollar geschätzt.

Die Weltwirtschaft steht vor einer einmaligen Chance: *mit einem nachhaltigen Investitionsprogramm die Realwirtschaft stärken, die Klimakrise begrenzen sowie Milliarden an Importkosten für fossile Energieträger einsparen zu können, soziale und wirtschaftliche Sicherheit durch stabile Energiepreise zu erreichen und Millionen neuer Arbeitsplätze zu schaffen!* Hunderttausende Konsumentinnen und Konsumenten investieren schon heute in die Erzeugung erneuerbarer Energie und sorgen damit für einen großen Investitionsschub. Allein, plan- und berechenbare, nachhaltige Unterstützung der Politik fehlt vielfach. Die derzeitige Situation ähnelt der dritten industriellen Revolution, dem rasanten Durchbruch der IT-Wirtschaft, die anfängliche Wachstumsprognosen vielfach übertraf. Diese Branche profitierte vor allem vom direkten Zugang zu den Anwendern. Dies muss auch bei der vierten industriellen Revolution gelingen. Die Strukturen der grünen Energie dürfen nicht nur Großstrukturen sein, sondern müssen zumindest teilweise dezentralisiert und somit demokratisiert werden.

Eine breite Mehrheit der Bevölkerung unterstützt die Energiewende. Dieses neue grüne Lebensgefühl erleichtert es, das Ziel zu erreichen. Zehntausende Aktivistinnen und Aktivisten einer neuen positiven Umweltbewegung kämpfen für die Umsetzung, Hunderte Stadtwerke und regionale Energieversorger setzen sie Schritt für Schritt um, Hunderttausende Konsumenten werden zu Energieerzeugern, die Verknappung fossiler Ressourcen erzwingt die Verwirklichung, eine eigene grüne Wirtschaftslobby ist längst entstanden. Und wie bei der dritten industriellen Revolution werden auch bei der Energierevolution die Vorreiter die Gewinner sein. So wie die Firmengründer im Silicon Valley werden die Firmen aus Oberösterreich, Deutschland und Dänemark die Weltkonzerne von morgen sein. *Ja, es kann gelingen!*

Die Besitzstandswahrer machen freundliche Gesichter und stehen mit voller Kraft auf der Bremse

Eine Allianz der Verhinderer aus Energiewirtschaft und Politik ist das einzige reale Risiko für die Energierevolution. Wirklich verhindert kann die Energierevolution nicht mehr werden – zu viele Städte, Regionen und Hunderttausende Konsumenten schaffen bereits tagtäglich vollendete Tatsachen. *Klimakrise und Rohstoffkrise erzwingen ein neues Zeitalter der Energieversorgung.* Aber massive Verzögerungen können die Besitzstandswahrer sehr wohl noch erreichen. Verzögerungen, die den Preis der Energiewende erhöhen, die Begrenzung der Klimakrise gefährden, aber auch die wirtschaftlichen Chancen der eigenen Regionen gefährden würden. *Denn die Energierevolution ist ein Wettlauf mit der Zeit.* Dieses Jahrzehnt wird entscheiden. Die Klimakrise spitzt sich zu, führt zu immer größeren Schäden, die fossilen Rohstoffe verknappen sich und verteuern die Energieversorgung. All dies verringert den Spielraum für Investitionen. Je später investiert wird, desto mehr Geld muss in die Hand genommen werden. Es geht aber auch um die vordersten Ränge der Technologieführerschaft. *Jene Regionen mit der raschesten Energieumstellung und somit mit den größten Heimmärkten werden die Regionen der neuen grünen Arbeitsplätze sein.*»Knapp sind nicht die erneuerbaren Energien, knapp ist die Zeit«, hat der deutsche Pionier der Energiewende Hermann Scheer so treffend formuliert, kurz bevor er im Herbst 2010 verstarb.

Rolle rückwärts in Deutschland? Stoppt eine Kumpanei von Energiemonopolisten und Regierungspolitik das erfolgreichste Energiegesetz der Welt?

Beispiel Deutschland: Das erneuerbare-Energien-Gesetz (EEG) hat Deutschland zum weltweit führenden Standort des Ausbaus von Fotovoltaik und Windkraft gemacht und wurde mittlerweile von 50 Staaten dieser Erde übernommen. Das EEG ist ein Frontalangriff auf die fossilen Monopolstrukturen, denn viele bisherige Konsumenten werden zu Produzenten von Strom. Allein im Jahr 2010 wurden 230.000 neue Fotovoltaikanlagen errichtet. Heute sind in Deutschland 840.000 Fotovoltaikanlagen in Betrieb, die 2 % des Stromverbrauchs erzeugen. Strom aus Wind und Sonne verdrängt immer mehr Grenz- und Mittellastkraftwerke aus dem Netz, bald sind bei Fortsetzung des derzeitigen Wachstums die unflexiblen Grundlastmeiler dran.

33

Die Wirtschaftlichkeit der Atom- und fossilen Großkraftwerke wird durch den Vorrang von Ökostrom in den deutschen Netzen kontinuierlich reduziert. Derzeit laufen Deutschlands AKW-Meiler im Schnitt mit 8000 Volllaststunden. Eine Studie des »Institute for Sustainable Solutions and Innovations« (ISUSI) zeigt auf, dass bei Fortsetzung der derzeitigen Ausbaugeschwindigkeit von Ökostrom deutsche AKW im Jahr 2020 nur noch mit 7663 Jahresvolllaststunden und 2030 lediglich mit 5855 Volllaststunden in Betrieb sein werden. Das bedeutet, dass sich die Wirtschaftlichkeit dieser Alttechnologien schrittweise verringert; der Vorrang für Ökostrom beim Netzzugang zeigt immer stärker Wirkung.

2010 hat die deutsche Bundesregierung gegen eine breite Mehrheit in der Bevölkerung und trotz heftiger Proteste die Laufzeitverlängerung von deutschen Atomkraftwerken beschlossen. Gleichzeitig startete eine gezielte Stimmungsmache gegen Ökostrom und das EEG, die nachdenklich macht. Der Boom von erneuerbarer Energie wird für steigende Strompreise verantwortlich gemacht, obwohl belegbar ist, dass auch durch Ökostrom der Börsenpreis gesunken ist. Gleichzeitig wird verschwiegen, dass per Oktober 2010 die Kilowattstunde Atomstrom in Deutschland unter Einrechnung aller Kosten stärker subventioniert wurde als Ökostrom.[20] In Summe gelingt der erfolgreiche Umstieg auf erneuerbaren Strom in Deutschland mit geringeren Kosten und Subventionen als für Atomwirtschaft und Kohleindustrie.

Denn zu den realen Fördermitteln von 204 Milliarden Euro für Atomstrom gehören direkte Finanzhilfen des Bundes, Forschungsförderung, Kosten für die Atommüllendlager Asse II und Morsleben und die Stilllegung der ostdeutschen Atommeiler. Hinzu kommen Steuervergünstigungen sowie die Zusatzeinnahmen der AKW-Betreiber durch den Emissionshandel. Stattdessen wird die Öffentlichkeit mit übertriebenen Bedarfsangaben für Leitungsbauten von bis zu 3600 Kilometern Länge für den Ausbau erneuerbarer Energie verunsichert.

Verunsicherung und Verzögerungsversuche, zu denen auch die

Investitionsbindungen in die CO_2-Speicherung (CCS) zu zählen sind, stehen im Mittelpunkt der Strategie der Besitzstandswahrer. Einige Energieexperten haben deshalb den Verdacht, dass der Beschluss der Laufzeitverlängerung der AKW nur der Einstieg in die Rolle rückwärts war. Sie befürchten, dass ein Aushebeln des EEG etwa durch Mengenbegrenzungen beim Ausbau der Fotovoltaik und ein Ende des strategisch entscheidenden Vorrangs von Ökostrom beim Netzzugang folgt. Auch das könnte die Energierevolution zwar nicht stoppen, aber es würde enorme Schäden für die Volkswirtschaft verursachen, würde die fetten Gewinne der Monopolisten für einige weitere Jahre erhalten. Und es würde weltweit verheerende Beispielsfolgen auslösen.

Die Besitzstandswahrer haben eine einzige gute Karte: ihre Kumpanei mit Teilen der Politik

Die Nacht des Aushandelns der Eckpunkte der Laufzeitverlängerung der AKW zwischen deutscher Bundesregierung und den Bossen der Strommonopolisten war ein Beispiel dafür, wie eng die Zusammenarbeit von Teilen der Politik und vieler Besitzstandswahrer ist. Die Kumpanei hat Tradition, denn Energieerzeugung war seit jeher ein Garant für Profit und Macht.

Weltweit versuchen derzeit die Energiemonopolisten Weiterbetrieb und Ausbau der Atomenergie als Notwendigkeit für den Einstieg in den Energieumstieg zu bewerben. Während sie diese »Renaissance« herbeizureden versuchen, verringert sich seit 2005 kontinuierlich die globale Atomstromproduktion: etwa 2009 weltweit um 1441 Megawatt, während gleichzeitig 38.000 Megawatt Windstrom neu zugebaut wurden. 2010 sind weltweit nur fünf neue AKW mit einer Gesamtleistung von 3700 Megawatt ans Netz gegangen. Mit Stand 2010 ist die Zahl der in Betrieb befindlichen AKW lediglich um ein AKW gestiegen.

Der Hauptausbau erfolgte 2010 mit 1600 Megawatt in China. Aber selbst hier werden bloß 1,8 Prozent des Verbrauchs mit Atomenergie gedeckt. Im Jahr 2000 wurden in China null Megawatt Atomenergie, aber 50 Megawatt Windstrom neu zugebaut. 2005 waren es ebenfalls null Megawatt Atomstrom, aber bereits 500 Megawatt neuer Windstrom. Und 2010 standen den neuen 1600 Megawatt Atomenergie 15.000 neue Megawatt Windstrom gegenüber.

Dieser Trend wird sich weltweit weiter verstärken. Es sind zwar derzeit elf Reaktoren in Bau, aber der bestehende Atompark kommt gehörig in die Jahre. In naher Zukunft werden deshalb zahlreiche AKW aus Altersgründen vom Netz genommen werden müssen. Diese Abschaltungen können kaum mit neuen AKW kompensiert werden. Denn Planung und Bau ziehen sich meist sehr in die Länge, dazu sind die Investitionskosten enorm, und die AKW müssten gegen den massiven Widerstand der Bevölkerung errichtet werden.

Der derzeitige Anteil von weniger als 6 Prozent Atomstrom am weltweiten Energieverbrauch wird daher in den nächsten Jahren weiter massiv sinken. Dies gilt auch für Deutschland, da die Laufzeitverlängerung eine kurze Halbwertszeit hat. Spätestens nach der Bundestagswahl 2013 wird der Ausstieg aus dem Atomausstieg wieder zurückgenommen werden.

Ob mit Lobbying für Atom, Angriffen auf das erneuerbare-Energien-Gesetz oder die massiv beworbene Vision, CO_2 unterirdisch einzulagern: Der energetisch-industrielle Komplex kämpft ums Überleben, versucht durch alte und neue Großtechnologien Kapital zu binden, Strukturen zu verfestigen, die Konkurrenz der Konsumenten als Produzenten zu schwächen und damit die Energierevolution zu verzögern.

Österreich – das Land der Sonnenfinsternis!

Wenn man von Bayern nach Oberösterreich fährt, existiert die einstige Landesgrenze nur mehr in manchen Köpfen. Energiepolitisch kann sie jedoch auf den ersten Blick wahrgenommen werden. In Bayern sind zahlreiche Dächer von Einfamilienhäusern, Bauernhöfen, Gemeindehäusern und Schulen mit Fotovoltaikmodulen bestückt. Jenseits der Grenze, in Österreich, ist von Fotovoltaik kaum eine Spur. Dabei haben Österreichs Konsumentinnen und Konsumenten dasselbe Interesse an Solarstrom. Doch die Politik lässt sie im Regen stehen.

Das österreichische Ökostromgesetz ist derart unattraktiv und wird fast jedes Jahr wieder geändert, sodass ein spürbarer Ausbau von Solarstromkraftwerken politisch erfolgreich verhindert wird. Mehr noch: Der jährliche Ausbau wird auf einem möglichst niedrigen Stand gedeckelt. Was die österreichische Bundesregierung also offensichtlich mit allen Mitteln verhindern will, ist ein starker Zuwachs an Solarstrom. Und dabei ist sie höchst erfolgreich: Lediglich 0,1 Prozent der Stromproduktion in Österreich stammt aus Solarstrom. In Deutschland sind es mehr als 20-mal mehr.

Die Förderungen für Ökostrom ressortieren in Österreich bei der Bundesregierung und mit einem desolaten Ökostromgesetz verhindert diese die Energiewende bei Elektrizität. Umgekehrt ist die Lage bei der Energiewende im Bereich Wärmeerzeugung. Aufgrund der Zuständigkeit der Länder bewegt sich vieles. Oberösterreich zum Beispiel ist in Europa die Nummer eins beim Ausbau der thermischen Solarenergie, der Solarheizung. Unser Erfolgsgeheimnis: stabile Förderungen, offensive Bewerbung und Beratung. Insgesamt werden in Oberösterreich bereits 46 Prozent der Wärme aus Ökowärme erzeugt.

Hier hat wiederum Deutschland enormen Rückstand und deshalb 2008 das »Marktanreizprogramm für erneuerbare Energien im Wärmemarkt« (MAP) geschaffen. Offensichtlich mit zu großem Erfolg: Am 3. Mai 2010 wurde ohne jede Vorwarnung die Förderung der Ökowärme gestoppt. Offiziell aus budgetären Gründen, obwohl mehrfach vorgerechnet wurde, dass sich die Förderungen aufgrund der gestiegenen Steuereinnahmen auch für den deutschen Finanzminister gerechnet haben. Erst nach Monaten und da nur halbherzig wurde das MAP wieder aufgenommen. Die Folge: verärgerte Konsumenten, in die Krise geratene Erzeugerfirmen. Auf einen Boom erfolgte der Absturz. So zerstört man Arbeitsplätze und Wirtschaftschancen.

Diese Beispiele zeigen: *Die Energierevolution kann nur durch fehlenden politischen Willen behindert und verzögert werden. Doch dieser ist bekanntlich in Demokratien eine erneuerbare Ressource.*

Die Motive der Verhinderer sind knallhart

Waren es in den vergangenen Jahrzehnten immer wieder die Ökos, die als Verhinderer bezeichnet wurden, so haben sich die Vorzeichen heute völlig gedreht: Eine positive Umweltbewegung will die Energierevolution durchsetzen, die Besitzstandswahrer hingegen wollen ihre Interessen verteidigen und eine rasche und vollständige Energiewende blockieren.

Historisch ist in Europa – und darüber hinaus – die Energiewirtschaft Teil eines fossil-industriellen Komplexes. In manchen Ländern gesellt sich hier noch eine militärische Komponente hinzu. Die Energieerzeugung ist geografisch weit vom Verbraucher entfernt, Marktwirtschaft und Konkurrenz finden seit Jahrzehnten nicht statt. Die zentralisierte Energieerzeugung ist Machtinstrument der Regierenden.

Preisgünstige Energieversorgung gilt als Grundpfeiler der Wirtschaftsentwicklung, weshalb Strukturen und Interessenlagen eng miteinander verwoben sind. In dieser Symbiose haben sich die Energiemonopole von Beginn an eine starke politische Machtposition erarbeitet, die sie bis heute verteidigen. Dazu sind sie vielfach mit Teilen der herrschenden Politik eng verbunden. Ein Öllieferant hat kein Interesse an sinkenden Liefermengen, ein Strommonopolist wenig Interesse an unabhängigen dezentralen Eigenerzeugern, Betreiber konventioneller Kraftwerke kein Interesse daran, dass ihr Kraftwerkspark schrittweise durch Wind- und Solarstrom vom Netz gedrängt wird, der Energiemonopolist verliert durch Energieeffizienz Umsatz und Gewinn.

Verzögern, verhindern, blockieren ist daher das verständliche

Interesse der Besitzstandswahrer. Daher muss sich die Politik von diesen alten Machtverbindungen emanzipieren. Doch die derzeit amtierenden Regierungen Deutschlands und Österreichs sind davon meilenweit entfernt. Hinter verbal wohlwollender Zustimmung zur Energiewende verbirgt sich eine Politik, die nach wie vor den Interessen der Besitzstandswahrer dient. Aber noch einmal: Politischer Wille ist eine erneuerbare Ressource. Die nächsten Jahre werden über unsere Zukunft entscheiden.

Notwendige Schritte der europäischen Politik zum Umsetzen des grünen Wirtschaftswunders

Die Anfänge der Europäischen Union reichen zurück zur »Europäischen Gemeinschaft für Kohle und Stahl« sowie zur »Europäischen Atomgemeinschaft«. Kooperation im Energiesektor ist somit das fundamentale Bindemittel Europas, und genau hier liegt auch die Zukunft der Union. Sie muss nun zur »Europäischen Gemeinschaft der Energierevolution« (EURENEW) werden. Europas Energierevolution braucht eine europäische Energiepolitik.

Dazu sind klare Vorgaben für die Mitgliedsstaaten nötig. Dazu zählen verbindliche Ziele zur Steigerung der Energieeffizienz, die verbindliche Übernahme der Eckpfeiler des deutschen EEG in allen Mitgliedsstaaten und ein ebenso verbindliches Bekenntnis zum Ziel, 100 Prozent des Energieverbrauchs ab dem Jahr 2050 durch erneuerbare Energieträger zu decken.

Europaweit muss dazu die Subvention fossiler und atomarer Energie abgeschafft werden, dafür müssen Investitionen in die Energiewende gänzlich von Steuern befreit werden. Alle Mitgliedsstaaten müssen sich für einen langfristigen Zeitraum dazu verpflichten, in einem grünen Konjunkturprogramm jährlich mehr als 1 Prozent des Bruttosozialproduktes in die Energiewende zu investieren. Statt des Handels mit Verschmutzungsrechten als Weg der Wahl zur Reduktion von Treibhausgasen muss eine europaweite Schadstoffsteuer in

Form einer CO_2-Abgabe nach dem Modell Schwedens verwirklicht werden. Dazu muss es entsprechende Weiterbildungsmaßnahmen für die Fachleute der Branche geben bis hin zu einer internationalen Post-Graduate-Universität, um das Fachpersonal der Energiewende zu trainieren. Und last but not least: Der schrittweise Umstieg auf durch Ökostrom betriebene Elektromobilität muss zur Stärkung des umweltfreundlichen Verkehrs genutzt werden.

Die Politik muss sich zur Erreichung des 100-Prozent-Zieles zu langfristig abgesicherten, planbaren und berechenbaren Förderungen, Informations- und Beratungsoffensiven und zu nachhaltigen Lenkungsmaßnahmen verpflichten – im Neubau müssen in Hinkunft verpflichtend erneuerbare Energieträger verwendet, der Energieverbrauch schrittweise abgesenkt werden. Der Altbestand an Gebäuden muss innerhalb von 20 Jahren flächendeckend saniert werden. Europaweit brauchen Ökostrom und Ökowärme Vorrang beim Netzzugang. Europaweit braucht es eine engagierte Forschungsoffensive für Energiespeicher, intelligente Netze, Elektromobilität, Energieeffizienz und erneuerbare Energie. Die Energierevolution wird *das* zentrale Forschungsprojekt der Europäischen Union. All diese politischen Maßnahmen werden langfristig beibehalten. Dann wird Europa zum führenden Standort der Energiewende, zum Vorreiter der postfossilen Technologien und damit des grünen Wirtschaftswunders. Die Chance ist einzigartig, es kann gelingen!

2. WIR SIND DIE NEUE INDUSTRIELLE REVOLUTION

Hier erfahren wir, warum Kohle und Öl die ersten beiden industriellen Revolutionen auslösten, warum dadurch Energiemonopole entstanden und wie sie wirken. Und warum ein Beibehalten der fossilen Energieerzeugung zu einer ökologischen, aber auch zu einer sozialen Katastrophe führen würde, die nur von einer vierten industriellen Revolution, einer vollständigen Umstellung und Demokratisierung unserer Energieerzeugung, abgewendet werden kann.

»We can't cling to crude: we should leave oil before it leaves us.«
Fatih Birol, Chefökonomist der Internationalen
Energieagentur (IEA), im März 2008

Eine industrielle Revolution: Das ist eine tiefe, dauerhafte Umgestaltung der wirtschaftlichen sowie der sozialen Verhältnisse, der Lebensumstände und Arbeitsbedingungen. Vor der Industrialisierung waren Menschen bei der Gütererzeugung auf die eigene Kraft sowie auf die von Wasser, Wind und Tieren angewiesen. Die erste industrielle Revolution löste die Konstruktion der ersten verwendbaren Dampfmaschine aus – 1712 von Thomas Newcomen. Ihr bescheidener Wirkungsgrad von 0,5 Prozent konnte später von James Watt durch die Erfindung des Kondensators auf 3 Prozent erhöht werden.

Der Treibstoff, der neben dem menschlichen Erfindungsgeist dies ermöglichte, war die Kohle. Sie feuerte die Dampfmaschinen an, gleichzeitig beschleunigte und vervielfachte sich der Kohleabbau mit Dampfmaschinen als Wasserpumpenantrieb.

In der zweiten Hälfte des 19. Jahrhunderts leitete ein weiterer fossiler Energieträger die nächste industrielle Revolution ein: Mit dem Erdölprodukt Benzin wurden ab 1860 Explosionsmotoren betrieben. Kohle wurde in weiten Bereichen von Erdöl abgelöst. Die automobile Revolution begann, das Zeitalter des Flugverkehrs und der automatisierten Produktionsprozesse folgten.

Die erste amerikanische Ölquelle wurde 1859 von Edwin L. Drake im US-Bundesstaat Pennsylvania erschlossen. Das Mineralöl wurde in rasch wachsendem Ausmaß als billiges, hochwertiges Schmiermittel genutzt und zu Kerosin als Brennstoff für Lampen raffiniert. 1866 war der erste »Ölmagnat« Drake pleite. In der Zwischenzeit investierte aber John D. Rockefeller massiv in den Kauf von Ölquellen in Pennsylvania, Ohio und West Virgina. Er ließ es raffinieren und verkaufte den neuen Brennstoff mit der Bezeichnung »Standard Oil«. Die ersten Produktions- und Vertriebssysteme, Pipelines und Öltanker nahmen den Betrieb auf. Um 1880 betrug der Marktanteil von Rockefellers »Standard Oil« 90 Prozent.[21]

Fossile Energieträger wurden *das* Fundament der Wirtschaft; bestimmten alle gesellschaftlichen Bereiche. Ein breiter, öffentlicher Diskurs darüber, dass uns diese Rohstoffe nicht unbegrenzt zur Verfügung stehen, begann aber erst Jahrzehnte später. Einer der führenden Köpfe dieser Debatte war der Geophysiker M. King Hubbert, der für den Konzern »Shell« arbeitete. Er kreierte 1956 die nach ihm benannte »Hubbert-Kurve«, mit der er den Förderhöhepunkt für Öl in den USA in den 1970er-Jahren exakt prognostizierte.

Zum Zeitpunkt dieser Erkenntnis, in den 1950er-Jahren, wäre ein früher Ausstieg aus der Abhängigkeit von fossilen Energieträgern möglich gewesen. Denn es war der Moment, ab dem man begann, erneuerbare Energieträger in einem signifikanten Ausmaß zu entwickeln. In den USA wurden Millionen von Windrädern in Betrieb genommen, in Frankreich arbeitete man am Konzept thermischer Solarenergie und auch die ersten Fotovoltaikanlagen gingen ans Netz.

Doch die zentrale und langfristige Weichenstellung der politisch Verantwortlichen aller damaligen Ideologien führte in eine andere Richtung. Der Einsatz fossiler Energieträger wurde massiv ausgebaut. Die »neue« Energietechnologie, auf die man setzte, war die sogenannte »friedliche Nutzung der Atomenergie«; dies wesentlich aus militärischen Gründen. Beide Energieformen – atomar wie fossil – wiesen Parallelen auf, sie wurden und werden in derselben Struktur genutzt. Energieförderung und Nutzung ist entkoppelt, die Rohstoffe können nur an wenigen Plätzen der Erde gefördert werden.

Fossile und atomare Energieträger dienen zur Aufrechterhaltung derselben Machtkomplexe. Es entstanden und festigten sich politisch-energiewirtschaftliche Monopole der Macht: aus militärischen und ideologischen Gründen und daher mit ungeheurem Tempo. In Frankreich etwa stieg der atomare Stromanteil innerhalb von nur zwölf Jahren von null auf 70 Prozent.

Fossile Energie: die gefährlichste Waffe im Krieg gegen die Zukunft des Planeten

Der Energieverbrauch und damit der Verbrauch fossiler Energieträger stieg während der zweiten Hälfte des vergangenen Jahrhunderts rasant. Heute werden täglich mehr als zehn Millionen Tonnen Erdöl, 12,5 Millionen Tonnen Steinkohle und 7,5 Milliarden Kubikmeter Erdgas verbraucht. Über 80 Prozent des globalen Primärenergieverbrauchs werden derzeit durch fossile Energieträger gedeckt.

Aufgrund dieses hohen Anteils fossiler Energieträger sind die Abhängigkeit von Importen wie auch die Kosten dafür in einem überwiegenden Teil der Staaten der Erde enorm. Beides wird sich ohne Kurskorrektur weiter verstärken. So würde die EU bei der Fortsetzung des Trends ihre Energieabhängigkeit von derzeit gut 50 Prozent bis 2030 auf 70 Prozent erhöhen. 45 Prozent der europäischen Ölimporte kommen aus dem Nahen Osten, 40 Prozent der Gasimporte aus Russland. Auch bei Kohle wird sich der Importanteil bis 2030 auf 66 Prozent steigern.

Für Importe fossiler Energieträger wurden in Deutschland 2008 bereits 82 Milliarden Euro bezahlt; 1995 waren es noch 14,4 Milliarden Euro. In Österreich liegen die Kosten derzeit – abhängig von der aktuellen Preisentwicklung – bei rund 12 bis 14 Milliarden Euro. Ähnlich die Situation in der Schweiz: 38 Millionen Liter Rohöl werden pro Tag verbraucht; der Bedarf wird – eine spannendes Detail – zu 73 Prozent durch Lieferungen aus Libyen gedeckt. Die politischen Implikationen sind bekannt.

Heute ist Saudi-Arabien – jeweils nach Eigenangaben – das Land mit den größten Ölreserven, gefolgt vom Iran, Irak, von Kuwait und Venezuela; bei Erdgas halten Russland und der Iran die Spitzenplätze. Die enormen Geldflüsse stabilisieren zu einem Gutteil zweifelhafte und undemokratische Regime. Gleichzeitig investieren immer mehr Förderländer und Liefergesellschaften ihre Gewinne, indem sie sich in die Energiemonopole der Verbraucherstaaten einkaufen. Dies verändert nicht bloß das Gefüge der Weltwirtschaft, die neuen Miteigentümer verstärken auch den Druck zur Aufrechterhaltung des fossilen Energiesystems.

Dazu verursachen fossile Energieträger enorme Umweltschäden: Allen voran heizt der Verbrauch fossiler Energieträger das Weltklima auf. Der Großteil der globalen Treibhausgas-Emissionen wird durch

Öl, Kohle und Gas verursacht. Doch auch Förderung und Transport hinterlassen verheerende Spuren der Verwüstung. Selbst in Jahren ohne Ölkatastrophen geraten beim Transport zwischen 1,5 und neun Millionen Tonnen Rohöl pro Jahr in die Ozeane, ergeben Berechnungen, die Carlo van Bernem am »Institut für Küstenforschung« des Helmholtz-Zentrums in Geesthacht erstellte. Allein in der Nordsee gibt es 450 Öl- und Gasplattformen, die kontinuierlich lecken. Dazu kommen die Ölfahnen von weltweit 50.000 Handelsfrachtern, die teilweise sogar legal ihre Tanks spülen.

Die Verseuchung unserer Meere

Golf von Mexiko, April 2010: Die Explosion der BP-Ölplattform »Deepwater Horizon« im Golf von Mexiko verursacht die schlimmste Umweltkatastrophe in der Geschichte der USA. Monatelang fließen unfassbar große Mengen – fünf Millionen Barrel oder 750 Millionen Liter – Rohöl ins Meer. Die Weltöffentlichkeit ist live dabei: bei der Explosion, der mühsamen Reinigung des Strandes, beim Bergen qualvoll verendeter Fische und Wasservögel, bei den vielen Versuchen, das Leck zu schließen. Ein neu erwachtes Umweltbewusstsein bringt den britischen Konzern BP an den Rand des Ruins.

Okputowari, November 2010: Fernab der Weltöffentlichkeit ereignet sich seit 1958 Tag für Tag im Niger-Delta in Nigeria die größte Ölkatastrophe der Geschichte. Elf Millionen Barrel Rohöl sind hier seit Beginn der Förderungen ausgetreten, mehr als doppelt so viel wie nach der Explosion der »Deepwater Horizon«, vermutet der US-amerikanische Forscher Richard Steiner.[22] Umweltschützer Nimmo Bassey, Träger des Alternativen Nobelpreises, zitiert nigerianische Regierungspapiere, die besagen, dass allein in den vergangenen vier Jahren 3400 »Oil Spills«, also massive Austritte von Öl, passierten. Zusätzlich verpesten Hunderte illegale Raffinerien das Niger-Delta.

Die Region ist verwüstet. Ein ölig-klebriger Film treibt auf dem

Wasser, überzieht Blätter und Wurzeln. 30 Millionen Menschen leben hier seit Generationen vom Fischfang: Sie haben ihre Lebensgrundlage verloren, sind schutzlos Armut, Gift und dem Terror der Milizen ausgesetzt, die illegal Pipelines anzapfen. Gleichzeitig verdienen die Regierung Nigerias und internationale Konzerne wie »Shell«, »Agip«, »Chevron«, »Mobil« und »Total« Milliarden von US-Dollar. Zwei Millionen Barrel Rohöl werden pro Tag aus den Sümpfen gepumpt, 40 Prozent des Öls werden in die USA transportiert. Dort stammt jeder zehnte Liter Öl aus Nigeria.

Je knapper die Ölreserven werden, je stärker gleichzeitig die Nachfrage steigt, desto mehr rückt die Ölförderung in hochriskante Zonen. Etwa hin zur Ausbeutung von Ölsanden: Um ein Barrel Rohöl – 159 Liter – zu gewinnen, müssen durchschnittlich zwei Tonnen Ölsand gefördert und mit gigantischen Maschinen jeweils 25 Tonnen Abraum bewegt werden. Ganze Regionen werden so zu Mondlandschaften. Solche Risikoförderungen erhöhen die ökologischen Schäden dramatisch, aber auch den Ölpreis.

Wie lange und wofür werden wir uns Öl noch leisten können?

Die oben erwähnte Hubbert-Kurve prognostizierte den weltweiten Förderhöhepunkt, den »Peak of Oil«, für den Zeitraum zwischen 2004 und 2008. Vieles deutet darauf hin, dass diese Berechnung in etwa stimmt, durch hochriskante Förderungen nur etwas verzögert wird. Das bedeutet, dass bei gleichzeitiger Zunahme der Nachfrage – vor allem durch die Schwellenländer – die Ära der Verknappung des Rohstoffes längst begonnen hat.

Jährlich sinken die Fördermengen der erschlossenen Felder im Schnitt um 5 bis 6 Prozent.[23] Derzeit werden knapp 85 Millionen Fass täglich gefördert, 6 Prozent davon sind rund fünf Millionen Fass. Es werden also fünf Millionen Fass pro Jahr mehr an Förderung benötigt, um die fallenden Produktionsraten der bestehenden Ölfelder auszugleichen. Dazu kommen die Folgen des von Wirtschaftsforschern erwarteten Konjunkturaufschwungs: Dieser führt zu einem zusätzlichen Bedarf an einer weiteren Million Fass Öl pro Tag. Macht also insgesamt sechs Millionen Fass pro Tag. Um die Größenordnung zu illustrieren: Dies ist die halbe Menge des Öls, das täglich in Saudi-Arabien gefördert wird. Um die Diskrepanz zwischen Angebot und Nachfrage auszugleichen, müssten alle zwei Jahre Ölfelder so groß wie jene Saudi-Arabiens erschlossen werden. Dies ist undenkbar.

Es wird also in den nächsten Jahren zu Verknappungen und daher zu massiven Verteuerungen von Öl und in der Folge auch von Gas kommen. Die »Internationale Energieagentur« (IEA) zeichnet in ihrem »Energy Outlook 2010« ein dramatisches Bild: Bei der Fortsetzung des aktuellen Trends müsse die weltweite Ölförderung von derzeit 84 Millionen Barrel pro Tag auf 99 Millionen Barrel im Jahr 2035 ansteigen.

Wo die nötigen Ölfelder liegen sollen, wird von der IEA nur knapp skizziert. Ein steigender Anteil des Verbrauchs solle künftig aus »unkonventionellem« Öl, wie zum Beispiel Ölsande in Kanada, gedeckt werden. Aber selbst die IEA-Experten, die für ihre positive Einstellung zur fossilen Energie bekannt sind, geben zu, dass der enorme Energieeinsatz zur Förderung von Ölsanden das Klima mit 5 bis 15 Prozent höheren Treibhausgas-Emissionen belasten würde.

Da ein Großteil der weltweiten Wirtschaft nach wie vor von Öl abhängig ist, könnte die massive, sprunghafte Verteuerung der Energie zu einer nächsten schweren Wirtschaftskrise führen. Und für viele Bürger, die in ihrer Mobilität und beim Heizen von Öl oder Gas abhängig sind, würde eine drastische Erhöhung der Ölpreise zur Armutsfalle.

Das gilt für alle fossilen Energieträger. Neueste Forschungsarbeiten aus den USA[24], geführt von Ted Patzek von der Universität Austin in Texas, zeigen, dass der Förderhöhepunkt bei Kohle auch bereits 2011 erreicht ist. Nach 2011 wird dieser Prognose zufolge die Fördermenge von Kohle im Jahr 2037 jene des Jahres 1990 erreichen und bereits bis 2047 auf die Hälfte des Förderhöhepunktes sinken.[25]

Kohlekraftwerke liefern derzeit 40 Prozent des globalen Strombedarfs, zwei Drittel der Energie für die globale Stahlproduktion basieren auf Kohle: Es ist also absehbar, dass diese beginnende Verknappung die Preise schrittweise in die Höhe treiben wird. Verschärfend kommt hinzu, dass der Bedarf gleichzeitig signifikant wächst. Die Kosten für fossile Energieträger steigen also viel rascher, als es der Weltwirtschaft recht sein kann. Der Umstieg ist überfällig. Er wird zum Wettlauf mit der Zeit.

3. SCHAU, DIE SONNE GEHT AUF!

In diesem Kapitel erfahren wir, wie die erneuerbaren Energieträger funktionieren, wie schnell der Ausbau weltweit voranschreitet, wie die solare Welt 2050 aussehen wird und wie viele Jobs dadurch entstehen werden.

»In 1931, not long before he died, the inventor Thomas Edison told his friends Henry Ford and Harvey Firestone: ›I would put my money on the sun and solar energy. What a source of power! I hope we don't have to wait until oil and coal run out before we tackle that.‹«

New York Times, 03.06.2007

V om Dach der sonnengelben Solarfabrik reicht der Blick tief in den Süden ins wunderschöne Alpenvorland. Vor diesem Panorama reihen sich Hunderte thermische Solarpaneele und Fotovoltaikzellen: die Energielieferanten für die Produktion von thermischen Solaranlagen in der Fabrik »Xolar« in Eberstalzell an der Westautobahn in Oberösterreich. Wir befinden uns im Zentrum des oberösterreichischen »Solar Valley«. In einem Radius von fünf Kilometern liegen: das größte Solarstromkraftwerk Österreichs, der weltweit zweitgrößte Erzeuger von Wechselrichteranlagen für Fotovoltaikanlagen »Fronius« sowie die Firmen »SOLution« und »SunMaster«.

»Xolar«-Firmengründer Herbert Huemer, einer der Solarpioniere Österreichs, konzipierte die Fertigungshalle als Vorzeigeprojekt der Energiezukunft. Die Wärme der Sonne wird durch die thermischen Solaranlagen eingefangen und in den Schotterboden geleitet. So entsteht unter der Fabrik ein riesiger Wärmespeicher und temperiert per Fußbodenheizung die gesamte Fabrik.

Die Technologie der Solarthermie wurde bereits im 18. Jahrhundert erfunden, 1891 wurde das Patent dafür in der US-Stadt Baltimore angemeldet. Mittlerweile ist Solarthermie einer *der* Grundpfeiler der erneuerbaren Energie. Die Steigerung verläuft derzeit zwar schwankend, aber in manchen Jahren werden international Zuwachsraten von 25 Prozent und mehr erreicht. Laut aktuellen deutschen Forschungsergebnissen kann 2050 etwa die Hälfte der Wärmeenergie direkt von thermischen Solaranlagen kommen.

Oberösterreich ist weltweit eines der führenden Länder: 100.000 Quadratmeter Solarfläche werden in meinem Bundesland jährlich neu installiert. Im Januar 2011 erzeugen bereits rund 1,2 Millionen Quadratmeter Warmwasser und übernehmen via Pufferspeicher einen Teil der Heizung. Spätestens 2015 wird auf jeden Einwohner ein Quadratmeter Solarfläche entfallen – damit ist Oberösterreich europaweit die Nummer eins. Zum Vergleich: Die thermische Solarfläche liegt in Deutschland pro Kopf bei 0,16 Quadratmeter, in der EU bei 0,06 Quadratmeter.

Solarthermie ist in Oberösterreich mittlerweile Normalität. Praktisch jeder Neubau und ein Großteil der thermisch sanierten Wohnungen sind mit Solarkollektoren ausgestattet. Eine seit Jahren unveränderte, somit planbare und berechenbare Förderung, intensive Beratung wie auch Informationsarbeit bereiteten den Siegeszug der Technologie vor. Dazu wissen die Menschen in Oberösterreich, dass ein Gutteil der Anlagen in ihrem Bundesland erzeugt wird und so Tausende grüne Jobs geschaffen werden.

Nun steht in Oberösterreich der nächste Entwicklungsschritt der Technologie an. Die ersten Industriebetriebe setzen auf die klimaschonende Wärmeerzeugung. Zum Beispiel der Firma »Leitl Beton GesmbH«, die wenige Kilometer von Linz entfernt Betonteile fertigt. Für die Prozesswärme sorgen heute nicht mehr Öl und Gas, sondern eine 300 Quadratmeter große thermische Solaranlage kombiniert mit einer Hackschnitzelanlage. 70 Prozent der für die Prozesswärme bisher entstandenen Kosten können so ebenso eingespart werden wie 422 Tonnen CO_2 pro Jahr.

Solarthermie wird jedoch auch immer stärker zur Stromerzeugung genutzt. Dabei werden Sonnenstrahlen auf gigantischen Spiegelflächen gebündelt und damit eine Flüssigkeit erhitzt. Diese wird dann mit Wärmetauschern in Hochdruckdampf umgewandelt, der eine herkömmliche Turbine antreibt. 20 Kilometer westlich der spanischen Stadt Sevilla steht die Anlage »Solucar« des spanischen Konzerns »Abengoa« – das derzeit weltweit modernste Solarkraftwerk. Knapp unterhalb der Spitzen von zwei Solartürmen mit einer Höhe von 162 Metern treffen von fast 2000 Spiegeln mit einer Größe von jeweils 120 Quadratmetern gesammelte und gebündelte Lichtkegel auf Wasserrohre. Durch die 250 Grad heißen Lichtbündel wird das Wasser verdampft und treibt eine Turbine an, die Strom für 10.000 Haushalte erzeugt. Thermische Solarenergie zur Stromerzeugung hat viele Vorteile, vor allem lässt sie sich zumindest 24 Stunden speichern und zur Deckung der Grundlast einsetzen.

Weltweit ist eine solare Revolution im Gange, die fossile Energieträger mehr und mehr in den Schatten stellt. Die Sonne liefert uns ungeheure Mengen Energie, konkret den 15.000-fachen Energiebedarf der Welt; und dies noch dazu gratis. Etwa fünf Milliarden Jahre wird sie uns noch als Energielieferant zur Verfügung stehen. Millionen Jahre? – Nein, Milliarden! *Das ist Versorgungssicherheit!*

Sonnenkraft kann zur Mitte dieses Jahrhunderts bereits die Hälfte des globalen Wärmebedarfs decken. Und durch den verstärkten Einsatz von Fotovoltaik und Solarthermie wird sie in absehbarer Zeit zu einem unserer wichtigsten Stromproduzenten. Der Begriff Fotovoltaik (PV) leitet sich von *Phos* für Licht und *Volt* für die elektrische Spannung ab. 1839 wurde der fotovoltaische Effekt vom damals 19-jährigen französischen Physiker Edmond Becquerel entdeckt. Albert Einstein gelang es 60 Jahre später, den Effekt theoretisch zu beschreiben, wofür er 1921 mit dem Nobelpreis ausgezeichnet wurde.

Schon 1893 wurde mit ersten Fotovoltaikzellen experimentiert. Wir unterscheiden heute organische Solarzellen sowie Dünnschichtmodule auf Basis von amorphem Silizium sowie polykristalline und monokristalline Silizium-Solarzellen. Kristalline Silizium-Solarzellen wurden Mitte der 1950er-Jahre entwickelt. Damals erreichten sie einen Wirkungsgrad von 4,5 Prozent, heute liegt er bei bis zu 20 Prozent und steigt weiter. Als Erste entdeckte die Raumfahrt die Technologie für sich, wo sie seit 1958 im Einsatz ist. Doch mittlerweile hat diese Technologie weltweit eine Erfolgsgeschichte geschrieben und ersetzt mit Windenergie, Wasserkraft und Energieeffizienz Schritt für Schritt fossile Energieträger.

Fotovoltaikanlagen werden in verschiedensten Bereichen und Größen in einem atemberaubenden Tempo installiert: als Großkraftwerke wie in Kanada die Sarnie Solarfarm mit 92 Megawatt oder das größte PU-Projekt der Welt, der in Bau befindlichen Charanka Solar Park mit 500 Megawatt oder in Südafrika mit einer geplanten Leistung von 1000 Megawatt. Auch Dächer von Fußballstadien, beispielsweise in Bremen oder in New Delhi, dort mit einer Leistung von 1,4 Megawatt, werden quasi zu Solarkraftwerken. Auf Hunderttausenden Dächern von Privathäusern, Bauernhöfen und öffentlichen Gebäuden sind sie genauso zu finden wie auf der Audienzhalle des Papstes: Energie vom Himmel sozusagen.

Dass der deutsche Papst besondere Sensibilität zeigt, zeugt von seinen Wurzeln. In Deutschland befindet sich die Hälfte aller netzintegrierten Solarstromanlagen der Welt. Vor Italien und den USA ist das Land weltweit die Nummer eins beim Ausbau der Fotovoltaik. Entscheidender Geburtshelfer dieser solaren Revolution war das deutsche erneuerbare-Energien-Gesetz (EEG). Dieses schuf durch 20-jährige Tarifzahlungen, degressiven Abbau der Förderhöhen für Neuinstallationen und langfristige Planungssicherheit einen perfekten Nährboden, auf dem erneuerbare Energie prächtig gedeihen kann. Faszinierend: die Leistung von Großkraftwerken, geschaffen durch unzählige dezentrale Anlagen, produziert von den bisherigen Stromkonsumenten.

Der Anteil von Solarstrom am gesamten Verbrauch Deutschlands lag 2009 bei 1 Prozent, Ende 2010 bereits bei 2 Prozent. Somit verdoppelte sich der Anteil binnen nur eines Jahres. 2020 können es 10 Prozent, 2050 rund 30 Prozent sein.

Im Durchschnitt der vergangenen 30 Jahre hat jede Verdoppelung der Kapazität einen durchschnittlichen Preisrückgang um 22 Prozent beim Sonnenstrom gebracht. Spätestens für 2015 erwarten Energieexperten »Grid Parity«, die Netzparität, also jenen Zeitpunkt, ab dem die Kosten des Solarstroms auf dem Preisniveau von Strom aus der Steckdose liegen werden. Dies ist das magische Ziel der Solarfans, es konnte in Süditalien, Teilen Chinas und Kaliforniens mittlerweile schon erreicht werden. Wird diese Netzparität auch in Mitteleuropa erreicht, wird dank der Verbilligung der Technologie weltweit geradezu ein Turbo gestartet.

Das deutsche Fraunhofer-Institut hat 2011 die Stromgestehungskosten für erneuerbare Energien untersucht:[26] Spätestens 2030 werden die Stromkosten von Offshore-Windkraftwerken, von deutschen (und österreichischen) PV-Kleinanlagen und von in Spanien installierten Solarthermie-Großkraftwerken *unter dem Kostenniveau fossiler Kraftwerke liegen.*

Dass die Kosten für den einst als teuer punzierten Solarstrom sogar noch rasanter sinken werden als erwartet, zeigt die Entwicklung der Kosten für PV-Anlagen in Deutschland (jeweils pro kWp – ein durchschnittlicher Haushalt installiert derzeit zwischen drei und fünf kWp):

- 2006: 5000 Euro
- 2007: 4800 Euro
- 2008: 4300 Euro
- 2009: 3450 Euro
- 2010: 2740 Euro (= minus 20,58 Prozent gegenüber 2009)

Die Anlagenpreise haben sich somit in kürzester Zeit halbiert. Angesichts sprunghaft steigender Erzeugungsmengen, die bei einigen Großproduzenten bereits bei jährlich zwei Gigawatt liegen, sinken die Preise. Dazu verzeichnet die Forschung stetige Fortschritte, was die Wirkungsgrade erhöht und somit die Kosten weiter drückt. Der Konzern »Sanyo« etwa meldet mit 21,6 Prozent den bislang höchsten weltweit gemessenen Wirkungsgrad für kristalline Solarmodule, »Konarka« erreicht bei organischen Solarzellen beachtliche 8,3 Prozent.

Angesichts der Wachstumszahlen ist es logisch, dass die Solarrevolution einen sehr leistungsfähigen Jobmotor antreibt: Mit Stand Januar 2011 waren allein in der deutschen Fotovoltaikindustrie 133.000 Menschen beschäftigt, weitere 20.000 in der Solarthermie. Im Gegensatz dazu finden im Steinkohlebergbau derzeit lediglich 44.000 Deutsche Arbeit, in der Atomenergie-Industrie nur 38.000. In fünf Jahren, so die Prognose des europäischen Branchenverbandes für Fotovoltaik, werde man weltweit 1,3 Millionen Arbeitsplätze bieten, 2050 bereits fünf Millionen.

Um den Rang des Weltmarktführers in der Fotovoltaikindustrie liefert sich ein Dutzend Konzerne einen harten Konkurrenzkampf. Zu den größten Betrieben zählen »First Solar« (USA), »Suntech Power« (China) sowie »Sharp« (Japan). Allein »First Solar« verkaufte im Jahr 2009 Solarmodule mit einer Leistung von 1100 Megawatt. Beeindruckend ist allerdings die Aufholjagd der Konzerne Chinas, die 2010 die Hälfte aller Umsätze verbuchten.

Die weltweite Solarzellenproduktion ist von 1256 Megawatt Leistung im Jahr 2004 auf 12.318 im Jahr 2009 und auf über 20.000 im Jahr 2010 gestiegen, der Zubau allein in Deutschland von 618 Megawatt im Jahr 2004 auf rund 8000 im Jahr 2010. Wenig Wunder, dass der Chef der Firma »Solarworld« Frank Asbeck die Entwicklung der Branche enthusiastisch kommentiert: »Wir besitzen die Chance, Solartechnik zu einer Leitindustrie zu entwickeln. Die Sonne ist der Rohstoff des 21. Jahrhunderts. *Für einen Bruchteil des Geldes, mit der Kohleförderung und Atomindustrie subventioniert wurden, konnte in relativ kurzer Zeit eine Zukunftsbranche zum Blühen gebracht werden.*«[27]

Es ist eine Zukunftsbranche, die viele Blüten treibt: etwa in der Information. Die jeden Sonntag erneuerte Energiewende-Infobörse »Sonnenseite«[28] des unermüdlich engagierten deutschen Publizisten Franz Alt treibt die Szene an, genauso wie die Solar-Infodrehscheibe »Photon«[29]. 1996 erschien die erste Ausgabe des Magazins »Photon« mit 52 Seiten und einer Druckauflage von 10.000 Stück. Heute arbeiten 170 Mitarbeiter in elf Büros, die auf drei Kontinenten monatlich acht Printpublikationen sowie vier Newsletter auf Deutsch, Englisch, Spanisch und Mandarin produzieren. Zudem werden weltweit Konferenzen und Messen organisiert, weiters in einer Consulting-Gesellschaft Beratung für Unternehmen und Politik angeboten.

Die Entwicklung des Unternehmens spiegelt den gigantischen Aufschwung der Branche. Als »Photon« 1996 startete, wurde weltweit rund ein Megawatt Solarstrom erzeugt; heute ist dies der Produktionswert pro Stunde.

Damit die Sonne auch in Österreich aufgeht

Trotzdem stößt der Boom auf Hürden. Österreich etwa ist im EU-Ranking Schlusslicht beim Ausbau und der Förderung von Fotovoltaik. Während in Deutschland bereits 2 Prozent durch Sonnenstrom erzeugt werden, liegt der Wert hier bei lediglich 0,1 Prozent. Schlechter schneidet nur die Schweiz mit 0,08 Prozent ab. Bei allen drei Ländern würde das Potenzial mittelfristig bei rund einem Drittel der Gesamtstromerzeugung liegen.

Anders als bei Energieeffizienz oder Wärmeproduktion, wo Österreichs Bundesländer politisch verantwortlich sind, ist für Ökostrom die Bundesregierung zuständig. Diese hält Fotovoltaik seit Jahren politisch so klein wie möglich. Und das geht so: Für die klassischen Anlagengrößen für Privathaushalte wird einmal im Jahr eine bescheidene Summe durch den Klima- und Energiefonds des Bundes ausgeschrieben. Wie bei einer Lotterie bewirbt man sich hier um eine Förderung: Ein kleiner Teil gewinnt, der Großteil verliert.

Etwas größere PV-Anlagen fallen unter das Förderregime des Ökostromgesetzes. Dieses wird fast jährlich novelliert – aber bisher nie zum Besseren. Derzeit sind die im Gesetz festgelegten Förderungen für Fotovoltaik so gering, dass diese bereits auf viele Jahre hinaus ausgeschöpft sind. Effektiver können Markt und Ausbau der Technologie gar nicht behindert werden. Denn so gibt es einmal im Jahr ein Aufflackern des Geschäfts, sonst herrscht Stillstand. Zudem werden viele Interessierte demotiviert. Das Resultat dieser Politik: Fotovoltaikmodule sind in Österreich deutlich teurer als in den Nachbarländern, die Etablierung eines stabilen Marktes wird unterminiert, die Chance auf viele Arbeitsplätze vergeben.

Diese vergebene Chance bewegt sich in gewaltigen Dimensionen. Laut Berechnungen des »Global Solar Fotovoltaik Outlook«[30] werden sich die jährlichen Investitionen in Solarstrom bis 2015 auf 70 Milliarden Euro verdoppeln. Die weltweit installierte Leistung wird von 23 Gigawatt Anfang 2010 auf 180 Gigawatt im Jahr 2015 und auf 1800 Gigawatt 2030 steigen. Die Kosten für Solaranlagen werden laut dieser Prognosen bis 2015 um weitere 40 Prozent sinken. Großartige sonnige Aussichten!

Die Seltenen Erden

Derzeit ist die gesamte Weltwirtschaft förmlich süchtig nach ihnen: den 17 Metallen der Seltenen Erden, wie der Begriff im Detail lautet. Ihre Namen kennen meist nur Spezialisten, doch sie prägen den Alltag von uns allen; stecken sie doch in Mobiltelefonen genauso wie in Röntgengeräten. Auch für die Hardware der erneuerbaren Energien sind sie unverzichtbar: Lanthanum oder Kobalt etwa, das für Hybridmotoren oder Windturbinen gebraucht wird, oder Indium und Gallium, die in einem Großteil der PV-Module stecken. Es ist ein heikler Punkt: Schon jetzt überschreitet der weltweite Verbrauch (bei Indium etwa 850 Tonnen, bei Gallium etwa 165 Tonnen) die jährliche Produktionsmenge.

Schon lange warnen Experten, dass die Abhängigkeit von all diesen Metallen der Seltenen Erden zur Achillesferse der grünen Technologien werden könnte. Derzeit beherrscht China 97 Prozent der Weltproduktion und kürzte 2010 den Export um 70 Prozent. Gleichzeitig wurden die Preise massiv erhöht. Die Reserven Chinas werden mit 36 Millionen Tonnen beziffert. In den östlichen Regionen Europas finden sich weitere 19 Tonnen, 13 Tonnen an Reserven dürften in den USA liegen. Große Vorkommen sind auch in Australien, Indien, Brasilien, Malaysia, Südafrika, Malawi, Madagaskar und Kenia vorhanden.

Sensibilisiert durch Monopolisierung und Preisentwicklung versuchen die Großkonzerne der erneuerbaren Energie nun, die Seltenen Erden sehr sparsam einzusetzen und möglichst durch Alternativen zu ersetzen. Silizium, der Grundstoff für die Solarzellen, hingegen steht in nahezu unbegrenzter Menge zur Verfügung. Die vor einiger Zeit aufgetretenen Materialengpässe an reinem Silizium, die durch unzureichende Produktionskapazitäten hervorgerufen wurden, konnten inzwischen beseitigt werden.

Die große Mehrheit der Bevölkerung unterstützt erneuerbare Energie

Eurostat-Umfragen, die in den vergangenen Jahren durchgeführt wurden, zeigten immer wieder denselben Trend: Die Bevölkerung der EU lechzt geradezu nach grüner Energie. Eine 2010 durchgeführte Forsa-Umfrage zeigte, dass für mehr als 90 Prozent der Deutschen Ausbau und verstärkte Nutzung von erneuerbaren Energieträgern wichtig bis außerordentlich wichtig sind. Fast 80 Prozent gaben an, den eigenen Strom am liebsten aus erneuerbaren Energien zu beziehen. Noch beeindruckender sind die Ergebnisse einer Erhebung des market-Institutes für Oberösterreich, die ebenfalls 2010 durchgeführt wurde: 98 Prozent unterstützen demnach den Ausbau der Solarenergie, 75 Prozent fordern die Energiewende.

Die hohe Attraktivität von erneuerbaren Energieträgern in der Bevölkerung dürfte sich auch daraus erklären, dass sie Unabhängigkeit bedeuten, keine Betriebskosten verursachen und ein Friedensprojekt sind. Kriege um die Kontrollen von Ölreserven würden durch die Energierevolution ad absurdum geführt.

Mitunter stehen erneuerbare Energien sogar Pate bei der Metamorphose von militärischen Anlagen. Im norddeutschen Emden hat sich die Bautätigkeit in den Nordseewerken gewaltig verändert. Im März 2010 wurde die einst auf Kriegsschiffe spezialisierte Werft von »SIAG Schaaf Industrie« übernommen. Diese will dort Teile für Offshore-Windkraftanlagen herstellen. Die Mitarbeiter behielten ihre Verträge, auch die Windkraft braucht gute Schweißer, Tischler, Elektriker, Mechaniker, Mechatroniker. 50 bis 100 Windkrafttürme sollen pro Jahr gebaut werden.

Schwerter zu Pflugscharen: Auch in Frankreich war das möglich. In Ferrassières, nahe Avignon, wurde im November 2010 von einer Tochterfirma der deutschen »Solon SE« das erste Fotovoltaik-Freiflächenkraftwerk mit einer Leistung von drei Megawatt errichtet. Zuvor war das Gelände als mögliche Abschussrampe für nukleare Interkontinentalraketen vorgesehen.

Windenergie: die derzeit wichtigste Ökostromquelle der Welt

Windkraft ist so überzeugend, dass sie mittlerweile die wichtigste Quelle für grüne Elektrizität in Europa ist. Schon weniger als nach einem Jahr hat eine Windkraftanlage so viel Energie erzeugt, wie verwendet wurde, um sie zu erzeugen, aufzubauen und am Ende des Lebenszyklus wieder abzubauen. Bereits 90.000 Arbeitsplätze sind mittlerweile in der deutschen Windenergieindustrie entstanden. Deutsche Firmen wie »Enercon«, »Nordex« und »Siemens« zählen weltweit zu den Marktführern. Ende 2010 erzeugten in Deutschland 21.607 Windkraftanlagen Strom mit einer Leistungskapazität von 27.214 Megawatt.

Der – laut Eigendefinition – größte Windpark der Welt ist derzeit in Großbritannien geplant. »Gwynt y Mor« – walisisch für »Wind und Meer« – heißt das Projekt 13 Kilometer vor der Küste von Nord-Wales. 79 Quadratkilometer groß ist das Areal, auf dem 160 Offshore-Windanlagen ab 2013 den Strombedarf von 400.000 britischen Haushalten decken werden. Bislang galt der vor Kent – ebenfalls in Großbritannien gelegene – Windpark als der größte der Welt. Auf über 35 Quadratkilometern wird hier Strom für 200.000 Haushalte produziert. Britische Windparks in Nordsee und Atlantik verfügen mit Stand 2010 über eine Kapazität von insgesamt 1340 Megawatt. Zum Vergleich: Alle anderen Länder zusammen produzieren mit dieser Technologie 1100 Megawatt.

Experten prognostizieren ein gigantisches Wachstum von Offshore-Windparks in Großbritannien: Noch vor »Gwynt y Mor« werden im Jahr 2012 die ersten 175 Turbinen von »London Array« an der Themse-Mündung ans Netz gehen. Mit 340 Windrädern soll es dreimal größer als jenes vor Kent werden. Auch Deutschland ortet auf hoher See seine grüne Zukunft: Insgesamt 25 Offshore-Windparks in der Nord- und Ostsee hat das Bundesamt für Seeschifffahrt und Hydrologie bereits genehmigt.

Doch Offshore-Wind ist nur ein Teil der weltweit prächtig gedeihenden Nutzung von Windkraft. Mehr als die Hälfte der weltweit installierten Kapazitäten reduzieren sich allerdings auf sechs Staaten: die USA, Deutschland, China, Dänemark, Spanien, Indien. In Spanien werden bereits 13 Prozent der Stromversorgung mit Windenergie gedeckt, mit einer Rekordleistung von 50 Prozent im Oktober 2009. In Dänemark deckt Windkraft bereits ein Fünftel des Stromverbrauchs. Hoffnungsgebiete sind auch Südaustralien, wo Windenergie für 14 Prozent der Elektrizität sorgt, oder Brasilien und Kanada.

Und auch Schweden plant den intensiven Ausbau. In der Weite Lapplands soll 2011 auf einer Zone von 450 Quadratkilometern das Kraftwerk »Svevind« (Wind für Schweden) mit 1101 Windrädern gebaut werden. Die Regierung genehmigte das Projekt bereits, das künftig zwei Millionen Haushalte mit Windenergie beliefern soll. Allerdings wurde die indigene Bevölkerung Lapplands, das Volk der Sami, in der Planungsphase übergangen. Die Vertreter des Volkes befürchten, dass ihre Rentierherden, die während der Wintermonate in diesem Gebiet grasen, durch das Megaprojekt verstört werden. Auch hier gilt: Der Ausbau erneuerbarer Energieträger muss umwelt- und sozialverträglich erfolgen.

Oberösterreich: vom Landwirt zum Energiewirt

Ein Erfolgsgeheimnis für das Gelingen der Energiewende ist es, für jede Region einen spezifischen Mix aus den verschiedenen Technologien zu schaffen. So können sich die einzelnen erneuerbaren Energieträger ergänzen. Bei uns in Oberösterreich – eigentlich vor allem eine Industrieregion – hat die Einbindung von Landwirten hohe Priorität. Denn es ist ein zentrales Anliegen, die regionalen Strukturen zu stärken. Biomasse – meist Holz – aus heimischer Produktion hat in der Energieplanung des Landes darum eine starke Position.

Immer mehr Landwirte werden deshalb auch Energiewirte, die, meist in Genossenschaften organisiert, mit dem Ertrag ihrer Wälder lokale Nahwärmekraftwerke betreiben. Bereits mehr als 200 Gemeinden in Oberösterreich können sich so mit Wärme versorgen. Dazu heizen in Oberösterreich bereits fast 40.000 Haushalte mit Biomassezentralheizungen wie Pellets, die vor allem für Streusiedlungen geeignet sind.

46 Prozent des Wärmeverbrauchs in Oberösterreich werden mittlerweile durch erneuerbare Rohstoffe gedeckt; allein Biomasse sorgt für 17 Prozent des gesamten Energieverbrauchs. Stabile, langfristig berechenbare Förderung, Bewerbung und intensive Informationsarbeit ebneten den Weg für diesen Boom. Der prosperierende Markt sorgte wiederum für einen kräftigen Wirtschaftsimpuls, für Exportchancen und somit für Arbeitsplätze. 50.000 der 65.000 in Österreich produzierten Biomasseheizkessel und sogar 30 Prozent aller in der EU verkauften Biomassekessel stammen aus oberösterreichischer Produktion. Das schuf 2009 einen Umsatz von mehr als 500 Millionen Euro und Arbeitsplätze für 2500 Menschen.

Biomasse im Tank – ein Irrweg?

Eine Revolution führt manchmal auch auf Irrwege; der Einsatz von sogenannten Biotreibstoffen zählt zu diesen. Seit 2005 sind sie für die Hälfte der globalen Steigerung der Getreidenachfrage verantwortlich. Ein knappes Fünftel der weltweiten Getreideproduktion wurde in den Jahren 2007 und 2008 für die Herstellung von Biotreibstoffen verwendet. Allein in den USA wurden in diesem Zeitraum 138 Millionen Tonnen Mais »getankt«.

Als zu diesem Zeitpunkt die Preise für Grundnahrungsmittel, darunter auch Mais, erstmals gewaltig in die Höhe schnellten, wurde die problematische Rolle von Biotreibstoffen offensichtlich. Die Schätzungen, inwieweit diese damals ausschlaggebend waren, gehen weit auseinander. Laut dem »Internationalen Währungsfonds« IWF sollen sie an bis zu 40 Prozent der Verteuerung von Lebensmitteln schuld sein.

Biodiesel und Bioethanol haben mehrere Schwachpunkte: Anbauflächen für Lebens- und Tierfuttermittel werden für den Energiebedarf abgezogen. Für die enormen Mengen Zuckerrohr, das zu Ethanol verarbeitet wird, müssen in Brasilien gigantische Flächen Regenwald gerodet werden. Und gerade der Regenwald des Amazonas ist eine neuralgische Zone des Weltklimas. In Zeiten des Klimawandels muss er besonders geschützt werden. Dazu belegte Nobelpreisträger Paul Crutzen in einer Studie, dass Biodiesel das Klima sogar schädigen kann. In extremen Fällen sei aus Raps gewonnener Biodiesel bis zu 1,7-mal klimaschädlicher als herkömmlicher Treibstoff, Bioethanol aus Mais bis zu 1,5-mal.[31]

Eine Chance könnten Biotreibstoffe der »zweiten Generation« bieten. Dabei werden ganze Pflanzen oder Pflanzenreste verarbeitet. Springender Punkt ist, inwieweit es gelingt, Holz und Stroh entsprechend zu verarbeiten; also auf Rohstoffe zu setzen, die weder der Lebensmittelversorgung fehlen, noch Wasser und Felder für diese blockieren. Bislang laufen allerdings nur erste Pilotanlagen für Biotreibstoffe der zweiten Generation. Bis zur Marktreife könnten noch mehrere Jahre vergehen. Gelöst ist diese Frage also noch lange nicht. Die Fehlentwicklung bei Biotreibstoffen zeigt, dass die Energierevolution klare Regeln braucht:

• Die Rohstoffe für erneuerbare Energieträger müssen aus der Region, wenigstens aus dem Kontinent kommen, in der oder in dem sie verbraucht werden.
• Bei der Nutzung von Biomasse ist nachhaltige Bewirtschaftung nötig.
• Herkunftsregel und Bewirtschaftungsform müssen in internationalen Richtlinien festgeschrieben werden.
• Es darf keine Konkurrenz zur Lebensmittelerzeugung ausgelöst werden.

Auch Wasserkraft kann grün sein

Als ich Ende 2003 die Verantwortung für die Energiepolitik des Landes Oberösterreich übernahm, murrten Fans der Wasserkraft: »Da wird jetzt gar nichts mehr gehen.« – Die vergangenen Jahre haben das Gegenteil bewiesen. So haben wir mittlerweile mehr als 200 Kleinwasserkraftwerke modernisiert. Ihr Energieertrag stieg um mehr als ein Drittel, gleichzeitig wurden sie durch die Umsetzung der EU-Wasserrahmenrichtlinie ökologisiert; dazu zählen Fischaufstiege sowie verbindliche Restwasserdotierungen. Mittlerweile sorgt die Kleinwasserkraft für 7 Prozent der Stromproduktion Oberösterreichs.

Werden neue Wasserkraftwerke in Oberösterreich gebaut, dann wird sichergestellt, dass dies an umweltverträglichen Standorten geschieht. Gewässer sind in Tabuzonen und diskussionswürdige Fließstreckenbereiche unterteilt: 65 neue Wasserkraftwerke sind entstanden, seit ich Ende 2003 Regierungsverantwortung übernommen habe. Insgesamt kommen – rechnet man die Wasserkraft hinzu – 86 Prozent der Gesamtstromerzeugung in Oberösterreich aus erneuerbaren Quellen. Das ist Rekord!

Was passiert, wenn beim Ausbau der Wasserkraft weder auf Umweltverträglichkeit noch auf Effizienz oder die betroffene Bevölkerung geachtet wird, zeigt Brasiliens Projekt »Belo Monte«: Hier soll am 2000 Kilometer langen Amazonas-Nebenfluss Xingu das drittgrößte Wasserkraftwerk der Welt entstehen und 11.000 Megawatt Strom erzeugen. Das Projekt ist mittlerweile Synonym für zerstörerische Wasserkraft. 20.000 Menschen würden dadurch ihre Heimat verlieren, viele indigene Völker müssten die Region verlassen, weite Flächen Regenwald würden für immer zerstört. Bischof Erwin Kräutler geht mit dem Vorgehen hart ins Gericht: »Im Fall Belo Monte erinnert die Arroganz der Regierungsplaner an die Zeiten der Militärdiktatur.«

Die Energiewende braucht grüne Akkus

Windenergie und Fotovoltaik eignen sich hervorragend für die Stromerzeugung, aber sie stehen nicht immer zur Verfügung. Damit die Energiewende Versorgungssicherheit garantiert, müssen Lösungen zur Speicherung der erneuerbaren Energie gefunden werden. Dafür existiert eine Reihe von Möglichkeiten:

- **Pumpspeicherung:** Sie stellt die erprobte und wirtschaftliche Variante dar. In Oberösterreich sind vier derartige Projekte mit einer Gesamtkapazität von rund 1200 Megawatt geplant. Wasser wird in Zeiten des Überangebotes von Strom bergauf in einen Speichersee gepumpt. Ist Bedarf vorhanden, wird dieses Wasser im Tal durch eine Turbine geleitet. Dadurch kann ein Ausgleich zwischen Phasen mit geringem Bedarf und Spitzenzeiten erzielt werden; beziehungsweise können starke Wind- und PV-Produktionszeiten besser genutzt werden. Das derzeit größte Pumpspeicherprojekt ist die geplante Nutzung der norwegischen Wasserkraft als Ausgleich für die Angebotstäler der Windstromerzeugung in Nord- und Ostsee (»Seatec«).
- **Batteriesysteme und E-Mobilität:** Der Beginn der Serienproduktion von Elektroautos garantiert Entwicklungssprünge bei der Leistungsfähigkeit von Batterien. Bereits jetzt existieren Batterien mit einer Kapazität von bis zu 100 Megawatt. Auch die Elektroautos selbst können in Zukunft als intelligente Energiespeicher genutzt werden.
- **Solarthermie:** Im Herbst 2010 ist es spanischen Forschern des Gemasolar Tower[32] erstmals gelungen, die Hitze der Sonnenkraft in einer Mischung geschmolzener Salze zu speichern. Solarthermiekraftwerke sind deshalb grundlasttauglich, weil sie eine Speicherung von zumindest 24 Stunden schaffen.
- **Synthetisch erzeugtes Methan aus Wasserstoff und Kohlendioxid:** Methan kann problemlos in bestehende Erdgasnetze eingespeist werden, wodurch diese auch nach einer Energiewende flächendeckend sinnvoll nutzbar sein werden. Über

Kraft-Wärme-Kopplung kann dieses Methan dann im Bedarfs-
fall zu Strom und Wärme verarbeitet werden.

Linz, Dezember 2010: Universitätsprofessor Serdar Sariciftci sitzt
mir an einem sonnigen Winternachmittag gegenüber. Der aus Istanbul stammende, in Wien zum Fotophysiker ausgebildete Spitzenfor-
scher hat bis 1996 mit dem späteren Nobelpreisträger Alan Heeger
gearbeitet. Dabei hat er wesentlich zur Entwicklung der organischen
Solarzelle beigetragen. Nun widmet er seine gesamte Forschungsener-
gie der Entwicklung der chemischen Energiespeicherung. Gemeinsam
mit der Firma »Solar Fuel« hat der Leiter des »Linzer Instituts für organische Solarzellen« (LIOS) die Verwandlung von Ökostrom in Methan beziehungsweise in synthetisches Erdgas geschafft.

Seine Zukunftsvision der Energiewelt beschreibt Professor Sariciftci folgendermaßen: »Bis spätestens 2020 wird sich der Ölpreis
verdoppelt bis verdreifacht haben. Das wird Ausgang weltweiter Kri-
sen- und Kriegsszenarios werden. Wenn wir uns bis dahin nicht un-
abhängiger machen, werden zuerst die Entwicklungsländer verheerende Verknappungen erleiden, später aber auch wir. Und für diese
notwendige Unabhängigkeit von den Fossilen ist die Speicherung der
Schlüssel.«

Mit Elektromobilität raus aus der Abhängigkeit vom Öl?

Ein wunderschönes Bild in Grün: 100 Jugendliche starten im Sommer 2010 in grünen Jacken auf ihren neuen, grün gefärbten E-Ra-
cern lautlos ihre Fahrt durch die Landeshauptstadt Linz. In einem
Pilotprojekt ermöglichen wir ihnen, zum Preis von 365 Euro einen
E-Racer und gleichzeitig ein Jahresticket für die öffentlichen Verkehrsmittel in Linz zu erwerben. Via Facebook (»e365 Mobility«) dis-
kutieren sie Erfahrungen, Startschwierigkeiten und wie sie generell
mit der Kombination von Elektro-Bikes und Straßenbahn zurecht-
kommen.

Elektromobilität ist keine Zukunftsvision: Im öffentlichen Verkehr, bei Zug und Straßenbahn, existiert sie seit Langem. Die Revolution unserer Mobilität muss diesen schon bestehenden umweltverträglichen Verkehrsmitteln – neben dem Gehen und dem Radfahren – Priorität einräumen. Autos mit Elektroantrieb dürfen den öffentlichen Verkehr nicht konkurrieren, sie müssen ihn ergänzen. Vor allem aber müssen die politischen Weichen so gestellt werden, dass E-Autos, E-Mopeds und E-Bikes (Fahrräder mit Elektro-Antrieb) ausschließlich mit grüner Energie betrieben werden. Dann können sie einen wesentlichen Beitrag zum raschen Ende der Abhängigkeit vom Öl leisten.

Herbst 2010, Mattighofen in Oberösterreich: Zu Besuch bei Carol Urkauf-Chen, Eigentümerin der Firma »KTM-Bike«. 25.000 Elektrofahrräder werden hier im Jahr 2011 erzeugt; in Kürze wurde die Produktion vervielfacht. Dies fügt sich in den Gesamttrend: Bis 2020 werden E-Bikes bereits ein Fünftel des gesamten Fahrradmarktes ausmachen. Carol Urkauf-Chens nächste Vision ist ein Transportfahrrad: »Das Elektrofahrrad kann auch in Europa das Alltagsverkehrsmittel werden, wenn es die Möglichkeit für den Transport der Einkaufswaren bietet«, erklärt sie ihre Pläne. Meine Befragung der vom Land finanziell geförderten E-Bike-Benützer zeigt: Viele sind durch die faszinierenden E-Bikes erst zum Fahrrad gekommen.

Die USA, China und Frankreich sind derzeit die Hauptinvestoren in Elektroautos. Dabei werden derzeit Milliarden von US-Dollar in die Batterieentwicklung gesteckt, Frankreich konzentriert sich ganz auf die ersten beiden Modelle »Fluence« und »Kangoo« von Renault, die im Großraum Paris im Alltagsverkehr getestet und perfektioniert werden.

Die deutschen Autobauer steigen zwar verspätet, aber doch in die Umstellung ein. Eine Million Elektroautos will Deutschland bis 2020 im Verkehr haben, dazu wird im deutschen »Nationalen Entwicklungsplan Elektromobilität« aber zu Recht gefordert: »Der Ausbau der Elektromobilität soll trotz steigendem Strombedarf CO_2-neutral

erfolgen.« Damit könnten zwei Millionen Tonnen Treibhausgase vermieden und rund 700 Millionen Euro für fossile Energieimporte eingespart werden.

Noch ist es nicht so weit. Der deutsche Autofahrerklub »ADAC«
rechnete vor, dass angesichts des noch hohen Anteils an Kohlestrom
der zweisitzige »E-Smart« beispielsweise immerhin noch rund 71
Gramm CO_2 pro Kilometer ausstößt. Der Umstieg auf Elektromobilität ist daher nur dann ein Lösungsschritt, wenn er in eine generelle
Energiewende eingebettet ist. »Wenn der Strom wie derzeit in China
zu 80 Prozent aus Kohlekraftwerken kommt, schaden Elektrofahr-
zeuge dem Klima mehr, als sie nutzen«, so Christian Malorny, Auto-
experte der Consultingfirma »McKinsey«.

Paris, November 2010: In den Messehallen der Pariser »Expo Porte
de Versailles« zeigen die Autobauer, wie sie sich die Zukunft der Mobilität vorstellen. Durch die EU-Gesetzgebung, die Konzerne dazu
zwingt, ihren Flottenverbrauch bis 2020 auf unter 95 Gramm pro
Kilometer zu senken, ist ein Wettlauf der Autobauer um die umwelt-
freundlichsten Angebote im Gang. Statt PS-Stärke, Geschwindigkeit
und Größe rückt der CO_2-Wert in den Fokus der Kundschaft und so
auch der Entwicklungsabteilungen der Konzerne.

Diese Bremswirkung ist dringend nötig. In den nächsten 15 Jahren wird sich weltweit die Zahl der PKW und LKW auf zwei Milliarden verdoppeln, in China gar verfünffachen. E-Mobilität bedeutet
eine Chance auf weniger Lärm und Emissionen sowie mehr Klimaschutz und vernetzte Mobilitätssysteme.

Für die flächendeckende Umstellung wird eine neue Infrastruktur
nötig. Dazu gehört ein flächendeckendes Tankstellennetz an Bahn-
höfen, bei Unternehmen, öffentlichen Gebäuden, Parkhäusern und
darüber hinaus Tankstellen zum Wechseln von Batterien für längere
Distanzen. Hier ist die Politik dringend zum Handeln aufgefordert:
Sie muss die Entwicklung der Elektromobilität in umweltverträgliche Bahnen lenken, damit sie tatsächlich zu einer Chance für die
Energierevolution wird.

Die Zukunft der Mobilität ist die schwierigste Herausforderung im Rahmen der Energiewende und des sukzessiven vollständigen Umstiegs auf erneuerbare Energieträger. Neue Verbundstrukturen zwischen den verschiedenen Verkehrsträgern, der Ausbau des öffentlichen Verkehrs, die schrittweise Umstellung auf Elektromobilität sowie die zweite Generation von Biotreibstoffen sind die Lösungsoptionen.

Aber noch liegen in einigen Bereichen keine überzeugenden Antworten vor – etwa für die Luftfahrt. Doch für die schrittweise Umsetzung des Ziels des vollständigen Umstiegs auf erneuerbare Energie haben wir 40 Jahre Zeit. Blicken wir doch diesen Zeitraum zurück, was sich seit Anfang der Siebzigerjahre in unseren Gesellschaften, in der Technologie, im Verhalten geändert hat. Drastische Veränderungen und technologische Weiterentwicklungen sind in derart großen Zeiträumen möglich. Nur müssen heute – im wahrsten Sinn des Wortes – die Weichen gestellt werden.

Die Energiewende braucht intelligente Netze

Die Energierevolution ist ein gewaltiges Unterfangen, die vierte industrielle Revolution. Ganz besonders beansprucht werden dabei die Leistungsnetze für den Transport der Elektrizität. Zehntausende Elektroautos als bewegliche Netznutzer und Einspeiser, Hunderttausende private Stromproduzenten in dezentraler Lage, stark schwankende Produktionsmengen bei Windkraftanlagen und Fotovoltaik – all das stellt die Netzinfrastruktur vor enorme Herausforderungen.

Die Umweltorganisation »Greenpeace« hat Anfang 2011 ein Szenario vorgelegt, wie sich die Netze weiterentwickeln sollten, um die Energiewende zu ermöglichen.[33] Würden bis 2030 EU-weit 100 Milliarden Euro investiert, könnte bis zu diesem Zeitpunkt innerhalb der EU eine Netzintegration von 68 Prozent erneuerbarer Energie bewältigt werden. Dies entspricht nur 1 Prozent der Summe, die für die ohnehin erforderliche gesamte Netzmodernisierung in Europa bezahlt werden muss.

Wichtig ist aber, dass die Entscheidung rasch getroffen wird, nach welcher Energieform die Netze auszurichten sind. Grundlastkraftwerke (atom-, gas- oder kohlebetrieben) stellen völlig andere Anforderungen an das Netz als ein Großteil der erneuerbaren Energieträger. Wird rechtzeitig investiert, sieht »Greenpeace« 99 Prozent erneuerbare Energie bis 2050 in der gesamten EU realisierbar.

Das deutsche Stromnetz ist in vier Regelzonen unterteilt, die von Töchtern der Energieriesen »E.on«, »RWE«, »Vattenfall« und »EnBW« betrieben werden. Sie müssen die Einspeisung aus Kraftwerken präzis auf den Bedarf von Millionen von Haushalten und Großkunden abstimmen, sodass die Frequenz im Netz immer bei 50 Hertz liegt. Wetterprognosen (Windkraft, Solarleistung) sind für die Schaltzentralen wichtige Arbeitsgrundlagen. Pumpspeicherkraftwerke und andere Speicher werden zum Ausgleich genutzt.

Das ist aber nur der erste Schritt: »Smart Grids« werden notwendig. Dazu braucht man vorerst intelligente Stromzähler, die den Verbrauch im Haushalt transparenter und flexibler gestaltbar machen sowie flexible Speicherungssysteme. »Smart Grids« kommunizieren mit Zählern und informieren über unterschiedliche Tarife. Vor allem aber schaffen sie eine intelligente Vernetzung und Steuerung von Stromerzeugern, Speichern, Verbrauchern und den Netzen selbst, um Optimierung, Versorgungssicherheit und Effizienz in einem komplexer gewordenen System zu schaffen.

Dazu werden »Supergrids«[34] stoßen: Netzverbindungen über große Distanzen mit hoher Kapazität und geringeren Leitungsverlusten. Sie sollen es möglich machen, dass unterschiedliche erneuerbare Energieträger in unterschiedlichen Regionen eines Kontinents eingespeist werden. So können eine bessere Verteilung und gegenseitige Ergänzung, damit ein optimierter Lastausgleich, eine andere Form der Speicherung und vor allem Stabilität erreicht werden.

In den USA kommt dafür vorrangig eine Verbindung der westlichen Bundesstaaten, die sich stark auf Solarenergie konzentrieren, mit dem Mittelwesten wie Texas, den besten Windregionen und den Regionen mit der größten Bevölkerungsdichte, infrage. In Europa wird als erstes Supergrid-Projekt eine Verbindung von »Desertec« von Nordafrika nach Europa mit »Seatec« zwischen Norwegen und der Nordsee, der Geothermie Islands und anderen spezifischen Produktionsregionen überprüft.

Nichts mehr wird sein, wie es war. Die Energierevolution wird alles *verändern*: von der Erzeugung über den Transport, der Speicherung bis hin zur Verwendung der Energie. Sie wird für die Konsumenten und Konsumentinnen viele Vorteile bringen. Durch mehr Energieeffizienz und Energieeinsparung, vergleichsweise stabile Energiepreise und mehr Transparenz werden die Kosten sinken. Es wird mehr Möglichkeiten des Mitsteuerns und Mitproduzierens geben.

Industrielle Revolutionen werden, wie wir es bei der IT-Branche erlebten, immer erst durch das Handeln der Akteure in vollem Umfang Wirklichkeit. Die Energierevolution braucht daher dezentrale Strukturen, Konsumenten und Konsumentinnen, die selbst produzieren. Aber sie basiert auch auf Großtechnologie, Großproduktion und weiträumigen Netzverbindungen, wenn bis 2050 die gesamte Energieerzeugung auf den Einsatz von erneuerbaren Energieträgern umgestellt werden soll. Es ist machbar, ob es aber auch gemacht wird, darüber werden die nächsten Jahre entscheiden.

4. DIE WÜSTE ERGRÜNT

In diesem Kapitel erfahren wir, warum und wo in den Wüsten die grüne Sonne aufgeht und wie es möglich ist, dass drei Tausendstel der weltweiten Wüsten ausreichen, um die gesamte Weltbevölkerung mit Strom zu versorgen. Und: unter welchen Bedingungen allein in Nordafrika so viel Solarstrom erzeugt werden kann, wie derzeit 100 Atomkraftwerke produzieren, und wie dies auch zur Sicherung der Energieversorgung Europas beitragen kann.

»Im Jahr 1996 wurde weltweit ein Megawatt Solarstrom erzeugt.
Heute ist dies die weltweite Leistung einer Stunde.«
Solarstrom-Magazin Photon, 2010

Sonnenaufgang über Marokko

Bereits in den frühen Morgenstunden macht sich sengende Hitze breit. Auf der N17 führt der Weg von der Grenzstadt Oujda weiter durch die Sahara in den Süden fast bis zur algerischen Grenze. Hier taucht inmitten eines endlosen Sand- und Schottermeeres die Silhouette von »Ain Beni Mathar« auf. So heißt das Projekt der marokkanischen Agentur für Solarenergie (MASEN), wo derzeit auf einer Fläche von 40 Hektar Parabolspiegel dicht aneinandergereiht werden. Hier entsteht das größte thermische Solarkraftwerk der Welt. In der ersten Betriebsphase liefert es 20 Megawatt Strom.[35]

Während in Europa noch über Vor- und Nachteile von »Desertec«, dem gigantischen Solarprojekt in der nordafrikanischen Wüste zur Stromversorgung Europas, diskutiert wird, prescht Marokko vor. Derzeit muss das Land 96 Prozent seines Energiebedarfs importieren. Die Öl-, Gas- und Kohlelieferungen verschlingen mehr als ein Drittel der jährlichen Deviseneinnahmen. Deshalb will das Königreich zwischen Mittelmeer, Atlantik und Sahara künftig auf Solarenergie setzen. Denn in Wahrheit hätte Marokko genügend Ressourcen: intensive Sonneneinstrahlung.

Das Tempo des geplanten Ausbaus ist zügig: Der »Plan Solaire Marocain« sieht vor, dass bereits 2020 erneuerbare Energieträger 42 Prozent des Stromverbrauchs abdecken sollen. Neun Milliarden US-Dollar plant König Mohammed VI. in dieses Konzept zu investieren. Sonnenenergie zählt zu den Prioritäten des 48-jährigen Monarchen.

Das Projekt »Ain Beni Mathar« ist das Herzstück der Initiative. Nach der Startphase will Marokko die installierte Leistung bis 2020 auf 2000 Megawatt ausbauen. Die Verhandlungen zur Finanzierung sind bereits weit fortgeschritten: Mittel der Afrikanischen, der Europäischen und der Französischen Entwicklungsbank sowie der deutschen »KfW Bankengruppe« sollen das Projekt ermöglichen. Gleichzeitig könnte, um die Finanzierung endgültig sicherzustellen, »Ain Beni Mathar« auch im »Desertec«-Projekt aufgehen. Aber eines ist klar: Der Eigenversorgung Marokkos wird dabei Priorität vor Elektrizitätsexporten nach Europa eingeräumt.

Marokkos Nachbarn verfolgen einen ähnlichen Weg. Auch sie beginnen Solarenergie als Garant ihrer Entwicklung zu entdecken. Die Regierung Algeriens etwa hat bereits nach deutschem Vorbild ein Einspeisegesetz für Solarstrom beschlossen. Spannend sind auch Hybridprojekte, die Algerien plant, in denen die vorhandenen Erdgasressourcen mit Solarenergie kombiniert werden sollen. Auch im ersten Land des demokratischen Umbruchs, in Tunesien, konkretisieren sich die Pläne für solarthermische Großkraftwerke.

Drei Tausendstel der weltweiten Wüstenfläche würden ausreichen, um den gesamten Globus mit Strom zu versorgen – zu konkurrenzfähigen Preisen. Allein in Nordafrika wird auf eine Gesamtleistung von 700 Terawatt gehofft. Das ist so viel Strom wie 100 Atomkraftwerke erzeugen können. »Pro Quadratmeter Wüste lässt sich jährlich jene Menge an Energie erzeugen, die 1,5 Millionen Barrel Rohöl entspricht. *In sechs Stunden empfangen die Wüsten so viel Energie von der Sonne, wie die Menschheit in einem Jahr verbraucht«,* schwärmt der Hamburger Physiker Gerhard Knies, der als geistiger Vater von »Desertec« gilt.

In Nordafrika soll auch eine solare Revolution über die Bühne gehen

Torsten Jeworrek, Mitglied des Vorstandes der »Münchner Rückversicherung«, dem weltgrößten Konzern dieser Branche, vergleicht das Projekt »Destertec« mit der Mondlandung. Die »Münchner Rückversicherung« ist ein zentrales Mitglied der »Desertec«-Initiative. Die gemeinnützige Stiftung verfolgt eine ambitionierte Vision: Bis 2050 sollen 400 Milliarden Euro in thermische Solarkraftwerke in Nordafrika investiert werden. Damit sollen der Bedarf vor Ort und 15 Prozent des europäischen Stromverbrauchs gedeckt werden. Anfangs waren es zwölf, mittlerweile sind es sogar 50 Großkonzerne, die neben der »Münchner Rückversicherung« hinter dem Projekt stehen. Dazu zählen etwa »Siemens« oder die »Deutsche Bank«. Doch nicht alle Energieexperten sind mit dem Projekt glücklich.

Zu den vehementen Kritikern zählte der im Oktober 2010 verstorbene »Solar-Papst« Hermann Scheer. Sein Hauptargument: »Desertec« würde lediglich die Umstellung auf andere Energieressourcen bedeuten. Die problematische Struktur der Energieversorgung, das Monopol der Großkonzerne, die Aufteilung zwischen Produzenten und Konsumenten, würde beibehalten und somit die bestehenden Machtstrukturen zentralistischer Stromproduktion und der Verteilung aufrechterhalten.

»Mehr Sonne ist gleich billigerer Sonnenstrom: Das leuchtet vielen spontan ein, dazu strahlen innovative Großprojekte anfangs immer eine große Faszination aus«, so Scheer weiter. »Dies erklärt wahrscheinlich die positive Medienresonanz auf die Pläne für ›Desertec‹. Dabei wird übersehen, dass wir in Deutschland seit dem Jahr 2000 mit dem erneuerbare-Energien-Gesetz (EEG) bereits ein Großprojekt realisieren – jedoch mit vielen dezentralen Anlagen. Damit vervierfachte sich der Anteil erneuerbarer Energie mit neuen Kapazitäten von Zehntausenden Megawatt.«

Und es gibt weitere kritische Stimmen, die auf andere Problemzonen des Megaprojektes hinweisen: Sind »Stromautobahnen« von Nordafrika nach Mitteleuropa durchsetzbar? Schon kleinere Projekte von wenigen Kilometern Länge scheitern oft am Widerstand der betroffenen Bevölkerung.

Gleichzeitig bietet »Desertec« unleugbare Vorteile: Der Strom aus der Sahara könnte Europas Stromverbund stabilisieren. Die Energie wäre »grundlastfähig« und könnte so sukzessive Strom aus Kohle- oder Atomkraftwerken ersetzen. Damit wird klar: Es geht nicht um ein Entweder-oder, nicht eine Entscheidung zwischen dezentral genutzten erneuerbaren Energieformen und Großkraftwerken basierend auf erneuerbarer Energie. Wir brauchen für den Vollumstieg auf die erneuerbaren Energieträger beides.

Zentrale Bedingung für das gigantische Großprojekt muss jedoch

74

sein, dass es keinen Stromkolonialismus verwirklicht. *Priorität muss – konträr zur Situation bei fossilen Energieträgern – der Nutzen für die Bevölkerung der Herkunftsländer der Ressource haben.* Hermann Scheer hat es in seinem – nach seinem Tod – erschienenen Buch »Der Energethische Imperativ« treffend formuliert: »Für Marokko, Tunesien, Ägypten oder die Länder der Sahelzone ist die Nutzung erneuerbarer Energien bereits eine wirtschaftliche Überlebensfrage. Die Sahara-Länder verfügen über viele mineralische Rohstoffe, die sie derzeit kaum selber abbauen (...). Sie werden meist von internationalen Bergbaufirmen gefördert, nach Europa, Nordamerika oder Asien transportiert und dort verarbeitet. Einer Verarbeitung im eigenen Land steht der Energiemangel der meisten Wüstenländer entgegen und ebenso der Wassermangel.«[36]

Die Stromerzeugung durch erneuerbare Energien könnte die wirtschaftliche Situation der Staaten Nordafrikas auf neue Beine stellen. Günstige und ausreichende Energie bedeutet, dass sie die Rohstoffverarbeitung selbst in die Hand nehmen können. Statt wie seit der Kolonialzeit lediglich Rohstoffe in Industrieländer zu liefern, könnten sie so zu Erzeugern verarbeiteter Produkte mit entsprechender Wertschöpfung werden.

Die Versorgung der Region und die damit verbundene wirtschaftliche Entwicklung müssen Vorrang haben vor den Exportinteressen, die Produzenten von Beginn an gleichberechtigt im Projekt und an der Wertschöpfungskette beteiligt werden. Daran wird sich entscheiden, ob »Desertec« ein grünes Projekt wird. »Ain Beni Mathar« könnte die Weichen richtig stellen. Derzeit bestimmt Marokko das Tempo. Und auch die Frage des Stromtransportes nach Europa wurde von Marokko teilweise schon gelöst: Durch die Meerenge von Gibraltar führen bereits zwei Stromleitungen mit einer Kapazität von insgesamt 1400 Megawatt. Amina Benkhadra, Marokkos Energieministerin, kommentiert dies selbstbewusst: »›Desertec‹ passt in eine Welt zunehmender gegenseitiger Abhängigkeiten. Wir müssen unsere Mittel zusammentun, unsere nationalen Ressourcen, technischen Kompetenzen, um diese ambitionierten Ziele zu erreichen.«[37]

Grüne Stadt-Oase inmitten der Wüste

Vom Zentrum des Emirates Abu Dhabi geht die Fahrt vorbei an einer Ölraffinerie, dann etwa 30 Kilometer bis zum internationalen Flughafen. Hier befindet sich, direkt neben dem Flughafen, Masdar City. Windtürme, eng verbaute Gassen, Frischluftkorridore und große Parkanlagen, Solarstromdächer, Elektromobilität, ökologische Baustoffe – das ist die in Bau befindliche Vision.

Im Auftrag von Scheich Mohammed ibn Zayid Al Nahyan und der im Besitz des Emirates befindlichen »Abu Dhabi Future Energy Company« (ADFEC) arbeitet Stararchitekt Norman Foster seit Februar 2008 an dieser weltweit ersten CO_2-neutralen Musterstadt. 90.000 Einwohner sollen hier auf sechs Quadratkilometern gänzlich ohne die Verwendung von fossiler Energie leben. 90 Prozent der Energieversorgung wird über Solaranlagen und einen Kranz von Windrädern erfolgen, 10 Prozent durch die Verwertung von Abfall.

Der erneuerbare Traum wird mit den Schätzen der fossilen Energie finanziert. Um ihn verwirklichen zu können, studierte Foster antike arabische Städte wie Aleppo in Syrien und Shibam im Jemen. Dort war es schon vor Jahrhunderten möglich, trotz Temperaturen von über 40 Grad Celsius erträgliche Lebensbedingungen zu schaffen. Foster hat diese Traditionen in der Stadtplanung von Masdar City in einer modernen Version wieder zum Leben erweckt. Was die traditionelle Baukultur nicht zu bewältigen vermochte, ermöglicht die erste Solar-Cooling-Großanlage am persischen Golf.

Thermische Solarenergie zum Kühlen von Gebäuden: Dies wird bereits seit Jahren in der Bezirkshauptmannschaft im oberösterreichischen Rohrbach erfolgreich erprobt. Diese Technologie hat das Zeug zum Exportschlager. Und soll nun die modernste und grünste Hightech-Stadt für vorerst 47.500 Einwohner und 1500 Firmen und Institute angenehm kühlen.

Die Straßen Masolars sind nicht für PKW geplant, nur für Fußgänger und Radfahrer. Darüber wird eine Hochbahn verkehren, die Masdar mit anderen Stadtteilen und dem Flughafen verbindet. Im

Untergrund sorgt ein Personal-Rapid-Transit-Netz (PRT) für elektrisch motorisierten Individualverkehr. Das Grundprinzip: Kein Punkt in Masdar soll weiter als 200 Meter von der nächsten Haltestelle eines öffentlichen Verkehrsmittels entfernt sein.

Die ersten Gebäude wurden bereits im Spätherbst 2010 eröffnet. Seit Mai 2009 laufen die Arbeiten am Fundament des Hauptquartiers und am »Masdar Institute« der Technischen Hochschule. Fertiggestellt werden soll Masdar 2020 als *das* Leuchtturmprojekt: eine Wissenschaftsstadt für grüne Technologien – unter anderem mit einem ausgelagerten Institut des MIT (»Massachusetts Institute of Technology«), dessen Know-how wesentlich an der Verwirklichung der erneuerbaren Oase beteiligt war. Masdar ist als Modellstadt geplant, die gleichzeitig Sitz der weltweit führenden Forschungsgruppen im Bereich grüner Technologien, Handels- und Dienstleistungszentrum der erneuerbaren Energieträger werden soll. Masdar ist der Praxistest für die Energiewende im Forschungslabor.[38]

Grüne Wende sogar im Öl-Wüstenstaat?

Wie unaufhaltsam grüne Technologien sich durchsetzen, könnte bald ausgerechnet am Beispiel Saudi-Arabiens spürbar werden. Die führende Erdölmacht der Welt, die den Rohstoff mitunter als Geschenk Gottes definiert, will im großen Stil Exporteur von Sonnenenergie werden.

Wenn in Saudi-Arabien etwas im Überfluss vorhanden ist, dann sind es drei Dinge: das »schwarze Gold« unter dem Wüstensand, ein gigantisches Vermögen aus dessen Export sowie Sonneneinstrahlung. In Kombination könnten diese Reichtümer dem Staat eine Transformation vom fossilen zum solaren Exportweltmeister ermöglichen.

Noch zeugen erste wenige Vorzeigeprojekte von diesem Vorhaben, aber lässt der Ölminister Ali ibn Ibrahim al-Naimi seinen Worten Taten folgen, steht Saudi-Arabien kurz vor der Energiewende.

»Saudi-Arabien strebt an, in Zukunft Solarenergie in einem Ausmaß zu exportieren, wie es heute Öl exportiert.«[39] Es geht aber auch um Eigenversorgung. Saudi-Arabien hat derzeit große Probleme, den jährlich um 7 Prozent steigenden Stromverbrauch abzudecken.

Schrittweise sollen zu den bestehenden Gaskraftwerken solare Großkraftwerke kommen. Dazu wurde bereits eine wissenschaftliche Keimzelle geschaffen: Zehn Milliarden US-Dollar werden investiert, um Fachleute aus aller Welt an die Hightech-Universität KAUST (King Abdullah University for Science and Technology) zu bestellen. Sie sollen im Institut »Solar and Alternative Energy Science and Engineering« die solare Revolution im Öl-Königreich vorantreiben. Dort, auf dem Dach der KAUST-Universität, befindet sich bereits das derzeit größte Fotovoltaikkraftwerk (Leistung: zwei Megawatt) der arabischen Halbinsel.

An der Grenze zu Kuwait zeigt Saudi-Arabien mit dem Projekt einer solarbetriebenen Meerwasseranlage einen weiteren hochinteressanten Anwendungsbereich der grünen Technologie für die Region auf. Und am Campus der »Princess Noura Bint Abdulrahman University of Women« in der Hauptstadt Riad sorgt eine der weltweit größten solarthermischen Anlagen für Warmwasser für 36.000 Haushalte.

Die Wüste ergrünt auch in der Mongolei, im Iran und in den USA

Auch in China soll – zeitgleich mit Marokkos »Ain Beni Mathar« – das größte Solarkraftwerk der Welt entstehen. Ebenfalls in der Wüste, mit vergleichbaren Zielen, aber unterschiedlichen Technologien. Ist es in Marokko die Solarthermie, die in Solarstrom verwandelt wird, so will China in der mongolischen Wüste das größte Fotovoltaikkraftwerk der Welt errichten. Bis 2019 soll es fertiggestellt werden und mit zwei Gigawatt so viel Strom produzieren wie zwei Atomkraftwerke.

Als erster Schritt wird eine Pilotanlage mit einer Leistung von 30 Megawatt umgesetzt. Dann sind Ausbaustufen von jeweils 100 Megawatt vorgesehen. Letzte Etappe wird eine Ausweitung um 1000 Megawatt mit Produkten des US-Modulherstellers »First Solar« sein. Zum Vergleich: Das bisher größte Fotovoltaikkraftwerk Deutschlands, nördlich von Cottbus in Brandenburg gelegen, verfügt über eine Leistung von 53 Megawatt, die größte PV-Anlage Österreichs im oberösterreichischen Eberstallzell über gut ein Megawatt.

Neben Großanlagen wächst die Solarenergie in der Mongolei auch dezentral: Im Rahmen eines Programms der Weltbank wurden in der Wüste Gobi die Siedlungen Gobi-Altai und Bayantooroi, die bislang vom Stromnetz abgeschnitten waren, mit Solarenergie versorgt. Wirtschaftliche Entwicklung und Absicherung, die Hebung des Lebensstandards und der Bildungschancen für die Kinder sind dabei das Ziel.

Auch die zweite Öl-Macht der Erde, der Iran, sucht seinen Platz in der Sonnen-Zukunft. Das spanische Unternehmen »Ennovate Energías Renovables« mit seinem deutschen Chef Vince Arend erhielt den Auftrag, das erste iranische Fotovoltaikgroßkraftwerk in der Steinwüste bei der Stadt Yazd zu errichten. Dünnschichtmodule aus Indien werden die starke Sonneneinstrahlung in eine Leistung von 60 Megawatt verwandeln. Zwei weitere Großprojekte in Shiraz und Isfahan sind geplant.

Am Wettlauf um das größte Solargroßkraftwerk beteiligen sich auch die USA. In Kalifornien beginnt US-Präsident Barack Obama die Wüste im großen Stil für die von ihm angekündigte solare Revolution zu nutzen. Nahe der Kleinstadt Blythe in der Mojave-Wüste sollen bis 2013 vier solarthermische Großanlagen mit einer Leistung von 1000 Megawatt entstehen. Vier Milliarden Euro wird der Bau der Kraftwerke kosten. Mit dem Einsatz von deutscher Technologie aus dem Haus »Solar Millennium« sollen 750.000 Haushalte mit Strom versorgt werden. Gleichzeitig genehmigte die US-Regierung im Oktober und November 2010 acht weitere thermische Solargroßkraftwerke. Zusammen werden sie in der südkalifornischen Wüste insgesamt 5000 Megawatt Strom für drei Millionen Menschen erzeugen. Was seit ewigen Zeiten ein unvorstellbarer Traum war, kann nun Wirklichkeit werden: Die Wüste ergrünt.

Ergrünt die Wüste?

Die gigantischen neuen Solargroßkraftwerke, die derzeit weltweit in Wüsten errichtet werden, arbeiten nur zum Teil mit Fotovoltaik. Der Großteil der Projekte in Australien, Israel, Marokko, aber auch »Desertec« sind thermische Solarkraftwerke. Wärme wird im großindustriellen Maßstab durch Sonnenenergie erzeugt und schließlich in Strom verwandelt, es wird also nicht wie in PV-Kraftwerken in einem fotochemischen Prozess Licht in Strom verwandelt. Diese Technologie bietet im Gegensatz zur Fotovoltaik den Vorteil, dass die Energie gespeichert werden kann.

Ein ökologisches Risiko der Solarkraftwerke blieb jedoch bislang weitgehend unbemerkt: Ähnlich wie Kohle- oder Ölkraftwerke verbrauchen sie bedeutende Mengen an Kühlwasser. Das Kraftwerk in der Mojave-Wüste etwa benötigt 3000 Liter Wasser für jede Megawattstunde produzierter Energie. Pro Jahr summiert sich dies bei einem Projekt der geplanten Größe zu einem Wasserverbrauch von rund 350 Millionen Liter pro Jahr.

Eine ganze Menge Wasser für die Wüste. Natürlich befinden sich auch unter den Wüsten in teilweise größeren Tiefen erhebliche Grundwasserseen. Es muss daher auch bereits bei den Pilotprojekten und erst recht bei den ersten Großkraftwerken sichergestellt werden, dass die Wassernutzung aus diesen Grundwasserseen nachhaltig ist. Hoffnung gibt ein Konzept aus den USA. Experten präsentierten dem Kongress die Option einer Umstellung von wassergekühlten Solarkraftwerken auf luftgekühlte Projekte.[40]

5. SIEBEN STARS DES GRÜNEN WIRTSCHAFTS-WUNDERS

Hier erfahren wir, welche Unternehmen und Konzerne das grüne Wirtschaftswunder vorantreiben, wie diese mit faszinierenden Karrieren bereits Geschichte schreiben und ihre politische Überzeugung mit wirtschaftlichem Erfolg verbinden.

»Will we look into the eyes of our children and confess
that we had the opportunity,
but lacked the courage?
that we had the technology,
but lacked the vision?«
Greenpeace: Working for the climate, August 2009

Herbert Ortner: vom Mühlviertel bis in die USA

Linz, November 2010: Herbert Ortner kommt in mein Büro, setzt sich und strahlt übers ganze Gesicht. »Ich glaub, wir haben einen Durchbruch geschafft.« – Ein Satz, der Bände spricht. Wieder einmal spüre ich den Tatendrang der oberösterreichischen Vertreter der Ökoenergie-Branche. Herbert Ortner zählt zu ihren Pionieren und zu den besten Beispielen für unermüdlich erneuerbaren Unternehmergeist. Schon allein deshalb ist er unverzichtbarer Teil meines engsten Beraterkreises für die grüne Job-Offensive.

Seit 20 Jahren ist er mit seiner Firma »ÖkoFEN« im Geschäft. Die Bartstoppeln des 54-Jährigen mögen mittlerweile ein wenig ergrauen, bequem gemacht hat er es sich längst noch nicht. Der Durchbruch, von dem er mir erzählt, sind »Erfolge bei der Kombination des Stirling-Motors mit unseren Pelletsheizkesseln«.

Ortner, einer der erfolgreichsten Biomasseheizkessel-Produzenten Europas, hat seit Jahren ein Forschungsprojekt laufen, das vom Land Oberösterreich mitfinanziert wird. Nun ist es bald so weit, die ersten Geräte werden in den Feldtest gehen. Wenn sie funktionieren, würde der Traum Wirklichkeit, an dem viele Ökoenergie-Forscher seit Jahrzehnten arbeiten. Es geht darum, mit Solar- oder Biomasseheizanlagen nicht nur Wärme, sondern in Kombination mit dem Einsatz eines Stirling-Motors auch Strom zu produzieren.

Der Schotte Robert Stirling hat diesen Heißgasmotor bereits 1816 erfunden. Er ist somit nach der Dampfturbine die zweitälteste Wärmekraftmaschine. Gase wie Luft oder Helium werden in zwei verschiedenen Bereichen abwechselnd erhitzt und gekühlt. So entsteht Energie. Ein Erfolg wie dieser, mit Pelletsheizkesseln Strom zu erzeugen, würde zur Lebensgeschichte Ortners passen. 1989 fing er erneuerbares Feuer. Der gelernte Bankkaufmann begleitete in seiner Funktion als Kommunalpolitiker im oberen Mühlviertel im Jahr 1989 den Neubau eines Altenheimes. Wieder einmal sollte eine Gas- oder Ölheizung installiert werden. Doch der regionale Sozialhilfeverband wagte es, Neuland zu beschreiten, und beschloss den Einbau einer Hackschnitzelheizung.

Für Herbert Ortner brachte dies die Wende in seinem Leben, er kündigte seinen Job bei der Bank, gründete eine eigene Firma und startete die Produktion von Hackschnitzelheizungen. Bald aber war ihm klar: Hackschnitzel sind für die moderne Zentralheizung von kleineren Einheiten weniger geeignet. Doch in der Futtermittelerzeugung wurden seit Langem schon Pellets produziert. »Könnte man Sägespäne nicht auch zu Holzpellets pressen?« – Diese Frage begann Ortner zu beschäftigen, zumal im Norden Schwedens bereits erste Sägewerke ihre Abfälle zu den kleinen Pellets pressten und an Fernheizwerke lieferten.

1996 startete eine Firma in der Steiermark die Holzpellets-Produktion in Österreich. Wenig später sattelten die ersten Futtermittelproduzenten auf Holzpellets um. Gemeinsam mit dem Futtermittelhandel wurde die Logistik aufgebaut, Tankfahrzeuge übernahmen den Transport, rasch wurden ÖNormen und Qualitätssicherungs-Programme sowohl für Pellets als auch für die Heizkessel geschaffen.

Ortners Firma war von Beginn an dabei. Bereits 1997 stellte »ÖkoFEN« als erster österreichischer Hersteller der Öffentlichkeit eine typengeprüfte Pelletsheizung vor. Im selben Jahr erzeugten vier Mitarbeiter die ersten 50 Kessel, elf Jahre später waren es weit über 7000. Heute beschäftigt der Familienbetrieb mit Sitz im oberösterreichischen Niederkappel im obersten Mühlviertel 300 Personen, 81 Prozent der Produktion gehen in den Export.

Es gibt wenige Beispiele, die das grüne Wirtschaftswunder auch als Chance für Klein- und Mittelunternehmen so deutlich beschreiben wie die Erfolgsgeschichte von Oberösterreichs Pelletskessel-Branche. »ÖkoFEN« ist nur ein Beispiel: Weitere führende Firmen wie »ETA«, »Fröhling«, »Guntamatic« wurden gegründet. Sie alle gingen offensiv in den Export und mittlerweile stammen 30 Prozent der in Europa verkauften Biomasseheizkessel aus Oberösterreich. Zusammen schaffen sie einen Umsatz von über 500 Millionen Euro und sichern 2500 Arbeitsplätze. Ein starker Heimmarkt hat Technologieführerschaft begründet und die ist die Grundlage des Exporterfolges. *Vorreiter zu sein bringt wirtschaftlichen Erfolg.*

Ein tragendes Fundament dieser Entwicklung sei die politische Entschlossenheit gewesen, diese Branche zu stärken, so Herbert Ortners Analyse: »Es gab zu einem frühen Zeitpunkt bereits Förderungen des Landes. Dazu hat der Energiesparverband die Konsumenten offensiv beraten.« Zudem betont er die Bedeutung der Energiesparmesse in Wels, die jedes Jahr samt der Konferenz »World Sustainable Energy Days« stattfindet. Experten aus rund 70 Nationen sind bei dieser Veranstaltung vertreten, was die internationale Vernetzung des Know-hows fördert. Die europäische Pelletskonferenz ist Jahr für Jahr eines der Themen der Großkonferenz. Ein weiterer Grundpfeiler war die Schaffung eines Ökoenergie-Clusters durch das Land Oberösterreich, der technische Weiterentwicklungen unterstützt, internationale Marktauftritte organisiert und die eigene Exportoffensive des Landes im Bereich Ökoenergie umsetzt. So gelang es in Oberösterreich, durch Vorreiter und durch ideale Standortpolitik, ein kleines Wirtschaftswunder zu schaffen. Heute ist Herbert Ortner Sprecher dieses Ökoenergie-Clusters, dem Netzwerk der Ökoenergie-Branche Oberösterreichs.

Massachusetts, Mai 2009: Herbert Ortner begleitet mich mit anderen Energieexperten auf einer ersten Türöffner-Reise in fünf US-Bundesstaaten. In den südlich gelegenen Staaten wie Georgia stößt oberösterreichische Technologie für »Solar-Cooling« auf großes Interesse. An der nördlichen Ostküste, in New England, erwärmen sich unsere Gesprächspartner sichtlich für Energieeffizienz- und Solartechnologien sowie Biomasseheizkessel.

Sofort nach unserer Rückkehr starte ich eine spezifische Exportoffensive mit konkreten Förderungen und Unterstützungen von Ökoenergie-Unternehmen aus Oberösterreich für den wachsenden US-Markt. Ende 2010 sind bereits zehn Firmen in den USA aktiv – unter anderem »ÖkoFEN«. Trotz aufwendiger Zertifizierung, die in den einzelnen Staaten der USA unterschiedlich gehandhabt wird, und dem »Konsum-Patriotismus« der US-Amerikaner wittert Herbert Ortner großes Potenzial: »Pelletsheizkessel als Zentralheizungen existieren in den USA bisher nicht. Wir bauen daher den Markt bisher ohne Konkurrenz absolut von null auf«.

Seine Schilderungen des US-Markteintritts erinnern mich an die Situation in Oberösterreich vor zwölf Jahren. Schrittweise wird die Transportlogistik aufgebaut, Installateure werden von Ortner persönlich geschult. Die ersten Bundesstaaten, New Hampshire und Connecticut, starten mit Förderprogrammen, andere wie Massachusetts und Maine schreiben Vorzeigeprojekte aus. Der Impuls trägt rasch Früchte: Im Jahr 2011 sind die ersten 100 automatisierten Pelletsheizkessel aus Oberösterreich in den USA in Betrieb.

Gemeinsam erobern wir neue Märkte. Eine Strategie, auf die wir in Oberösterreich setzen. Ein Beispiel für Erfolgskurs und Strategie: Im Herbst 2010 wurden internationale Experten zu einem Biomasse-Seminar nach Oberösterreich eingeladen. Experten aus 40 Staaten kamen, um sich ein Bild vom Standard der Technologie in Oberösterreich zu machen, das politische Konzept hinter dem Biomasse-Boom, der zu einem Anteil von 17 Prozent am Gesamtenergieverbrauch geführt hat, kennenzulernen. Das Ergebnis: Viele Länder übernehmen unsere technischen Normen und Förderrichtlinien, das wieder erleichtert den Marktauftritt unserer Firmen in diesen neuen Zielländern. Mit der kanadischen Region Quebec, mit Russland und Argentinien wurden bereits konkrete Exportabschlüsse verwirklicht.

Tulsi Tanti: der aus Wind Gold macht

Kopenhagen, Dezember 2009: Tulsi Tanti sitzt neben mir und wippt unaufhörlich mit dem Sessel. Als »der Windmann« wird der quirlige, klein gewachsene Mann in seiner Heimat Indien tituliert. Sein Konzern »Suzlon« ist mittlerweile der weltweit drittgrößte Hersteller von Windturbinen und Marktführer in Asien. »Und das ist nur der Anfang.« Diesen Satz höre ich oft aus seinem Mund, als wir uns bei der Fachkonferenz »Green Business« im Rahmen der 15. UN-Klimakonferenz kennenlernen.

Tulsi Tanti ist heute 53 Jahre alt, zählt zu den zehn reichsten Menschen Indiens, hat sich aber trotzdem die Rezeptur seines Erfolgsgeheimnisses bewahrt: nie still sitzen, den Mut beweisen, ständig Neues zu wagen, gepaart mit unerschütterlichem Optimismus. Noch Ende der 1980er-Jahre sollten Tulsi Tanti und seine drei Brüder den elterlichen Baukonzern im nordwestlichen Bundesstaat Gujarat übernehmen. Sie setzten jedoch auf Polyestergarn, später auf Textilproduktion. Im Jahr 1994 bröckelte das wirtschaftliche Fundament des Unternehmens. Ein wesentlicher Faktor waren dabei die hohen Stromkosten. Die Tantis lösten dies, indem sie zwei Windräder zur Eigenversorgung installierten. Das war der Beginn.

»Das hat mich elektrisiert«, erinnert sich Tulsi Tanti. 1995 gründete er die Windfirma »Suzlon Energy«. Mit der Übernahme der insolventen deutschen Windturbinenfirma »Repower« sog er entscheidendes internationales Know-how in seinen neuen Konzern auf.

Windenergie ist für Tanti gleichbedeutend mit der Chance auf wirtschaftlichen Aufschwung, auf Entwicklung. Bereits mit dem Jahr 2030 könnte Indien laut Prognosen der UNO nach China und den USA der drittgrößte Energieverbraucher der Erde sein. Die Bevölkerung von heute 1,15 Milliarden Menschen wird auf 1,5 Milliarden ansteigen – damit wird Indien sogar China überflügeln. Experten, etwa die Consultingfirma »McKinsely«, haben allerdings errechnet, dass die Entwicklung Indiens hin zum Verbrauchsgiganten noch nicht in Stein gemeißelt ist. Laut einem Bericht der »Financial Times« aus dem Jahr 2009 sind 80 Prozent der Infrastruktur, die 2030 in Indien bestehen wird, noch nicht gebaut. Hier – vor allem bei Energieversorgung und Effizienz – können noch die Weichen gestellt werden. Für die grünen Unternehmer und Energieexperten wie Tulsi Tanti der Schlüssel für die Zukunft Indiens.

Gegenwärtig ist in Indien so wie in China Kohle der Hauptenergieträger. Doch die globalen Reserven werden spätestens in 45 Jahren erschöpft, zuvor entsprechend teuer sein. Dazu müsste Indien mit dem Jahr 2030, falls dem derzeitigen Trend nichts entgegengesetzt wird, 90 Prozent seines Ölverbrauchs importieren. Für Indien ist die

Eigenerzeugung von erneuerbarer Energie somit ein strategisch entscheidender Schritt: zur Bekämpfung der Armut und zur Verringerung der Auslandsabhängigkeit. Dies ist mit ein Grund, warum Indien derzeit über das weltweit viertgrößte Programm zum Ausbau von Windenergie verfügt, massiv beworben von Indiens »Windmann«, dessen Konzern übrigens fast die Hälfte des derzeit bestehenden indischen Windparks errichtet hat.

»Was wir jetzt an Energieumstellung, an Ausbau von Wind und Sonne schaffen, das darf daher lediglich der Anfang sein«, gibt sich Tulsi Tanti nahezu missionarisch. »Es muss viel schneller gehen. Bei uns und auf der ganzen Welt.« Einen kongenialen Partner hat er im aufgehenden Stern der indischen Politik, Umweltminister Jairam Ramesh, gefunden.

Dieser verfolgt engagiert und konsequent das Ziel, Indien im »Top-down-Verfahren« grüner zu machen und das boomende Schwellenland auf Klimaschutzkurs zu bringen. Zu den von ihm propagierten Maßnahmen zählen neben dem Ausbau der Windkraft: ein Einspeisegesetz für Solarstrom nach deutschem Vorbild, eine enge strategische Partnerschaft mit China bei Selbstauflagen zur Energieeffizienz sowie der Ausbau der erneuerbaren Energie.

Im Gespräch stellt Tulsi Tanti aber auch die große Verwundbarkeit seiner Heimat durch die Klimakrise in den Mittelpunkt: »Durch die Klimakrise wird Asien am stärksten getroffen und Indien liegt hinter Bangladesch an zweiter Stelle der am stärksten gefährdeten Länder.« Somit bestimme die Art und Weise, wie sich Indien entwickeln wolle, auch die Frage, ob sich Indien entwickeln kann.

Frank Asbeck: der Überzeugungstäter

»Im Jahr 2002 erhielt ich auf verschlungenen Wegen eine Einladung vom Papst«, berichtet Frank Asbeck[41], Gründer und Chef des Bonner Konzerns »SolarWorld«, der mehr als 2000 Menschen beschäftigt. »Auf der Karte für die wöchentliche Generalaudienz las ich etwas von ›Prima Fila‹. Doch schon hier war ich mit meinem Latein am Ende.«

Asbeck erfuhr, dass dies nicht bloß bedeuten würde, in der ersten Reihe platziert zu sein, sondern auch, dass er mit dem Heiligen Vater ein paar Worte wechseln würde: »Als sogenannter Einzelpilger saß ich in einer Reihe neben zwölf Bischöfen. Ich war so aufgeregt, als würde ich gleichzeitig noch einmal meine Diplomprüfung und die Geburt meiner Kinder erleben.« Um dem Papst die großartige Solartechnologie so nahe wie möglich zu bringen, nahm er eine Fotovoltaikzelle mit und sagte: »Heiliger Vater, wir können aus Sand und Sonne Strom machen. – Da sah Johannes Paul II. erst mich, dann die Solarzelle an, nahm diese in die Hand und sagte heiter: ›Mein Sohn, der liebe Gott kann alles!‹«

Was folgte, ist typisch für den kämpferischen, graumelierten Asbeck: Heute regiert den Vatikan nicht bloß ein deutscher Papst, sondern er ist der erste Staat der Welt, der mehr als drei Viertel seines Strombedarfs aus Fotovoltaik deckt. Das Herzstück ist eine riesige Solaranlage auf dem Dach der Audienzhalle; natürlich aus dem Hause »SolarWorld«.

Der heute 52-jährige Asbeck ist ein Überzeugungstäter in Sachen grüner Revolution. In seiner Jugend war er Friedensaktivist, arbeitete später als grüner Kommunalpolitiker in Bonn. 1998 gründete der diplomierte Agrarwissenschaftler das Unternehmen »SolarWorld«, mit dem er bereits ein Jahr später an die Börse ging. Mit dem Erlös aus dem Verkauf der Aktien erwarb er einen schwedischen Modul-Konzern, im Jahr 2000 die Mehrheit der Solarsparte der »Bayer AG« und 2006, als in den USA praktisch noch kein Solarstrom erzeugt wurde, die US-Solarsparte von »Shell«. 2008 startete er im sächsischen Freiberg seine zweite Solarfabrik, 2009 eine Solarzellenfabrik im US-Bundesstaat Oregon, zudem lässt er in Südkorea Module für den asiatischen Markt erzeugen, während er die Produktion in Deutschland weiter ausbaut. 2010 der bisherige Höhepunkt: ein Plus von 42 Prozent im Absatz, ein Plus von 50 Prozent beim Gewinn und ein Plus von 29 Prozent auf mittlerweile 1,3 Milliarden Euro bei den Erlösen.

Der Aufstieg im Rekordtempo zeigt: Asbeck ist kein Freund von Bescheidenheit. Davon zeugt der Unternehmensname, die Unternehmensentwicklung, das zeigte 2008 seine Absicht, die deutschen Standorte von »Opel« zu übernehmen. Genauso beweist es sein 2009 erschienenes Buch »Eine solare Welt«, das den Rang einer Solar-Bibel einnimmt. Mit voller Kraft engagiert er sich für die Energiewende, für eine vollständige Stromversorgung aus erneuerbarer Energie und bemerkt abschließend: »Jetzt gehe ich wieder ins Büro und rette ein bisschen die Welt.«

Shai Agassi: der Elektro-Mover

Kopenhagen, Dezember 2009: Smart, eloquent, charismatisch – Shai Agassi ist zwar zehn Jahre jünger als Frank Asbeck, aber die beiden Männer weisen viele Ähnlichkeiten auf; etwa ihre Zielstrebigkeit. Den israelischen Solar-Pionier Agassi lerne ich auch bei der UN-Klimakonferenz in Kopenhagen kennen. Er erzählt, wie seine erfolgreiche Karriere als Softwarespezialist, die ihn ins Management des IT-Konzerns »SAP« führte, eine plötzliche, radikale Wende nahm: »How do you make the world a better place by 2020?«[42] (Was tun Sie, damit die Welt bis zum Jahr 2020 ein Stück besser wird?) – Diese Frage wurde ihm 2005 beim Weltwirtschaftsforum in Davos gestellt.

»Und diese Frage«, so Shai Agassi heute, »hat mich nachhaltig zum Nachdenken gebracht.« Aus dem in Haifa geborenen IT-Genie wurde ein Energierevolutionär. Er verkaufte seine »SAP«-Anteile um 400 Millionen Dollar, gründete 2007 sein eigenes Unternehmen, das, natürlich, »Better Place« heißen sollte. Ziel der Firma ist es, die Mission zu verwirklichen, der sich Agassi verschrieben hatte: Elektromobilität; das Ende des Einsatzes von fossiler Energie für den Individualverkehr. Heute arbeitet »Better Place« an Modellprojekten in Dänemark, Peking, Südaustralien, Hawaii und Ontario.

In seiner Heimat ist Shai Agassis Projekt am weitesten fortgeschritten. Der Ausstieg aus der Abhängigkeit vom Öl wird in Israel als

Projekt der nationalen Sicherheit verstanden und mit entsprechendem Engagement verfolgt. Zudem ist das Land für den Einsatz von Elektromobilität, die auf erneuerbaren Energiequellen für Strom basiert, geradezu prädestiniert. Zum einen kann das mediterrane Land Solarenergie optimal nutzen. Denn dies ist Agassis Grundmotto: Die Fahrzeuge sollen mit Ökostrom betrieben werden. Zum andern liegen die urbanen Zentren Israels nahe beisammen; im Extremfall sind es lediglich 280 Kilometer von Beer Sheva nach Haifa. 90 Prozent der Bevölkerung legen täglich nicht mehr als 70 Kilometer zurück.

In Kooperation mit »Renault Nissan« hat Agassi nun ein vielversprechendes Modell entwickelt: Elektroautos werden ohne Batterie verkauft, diese bleibt im Eigentum von »Better Place«. Die Batterien werden beim Kunden zu Hause, am Arbeitsplatz und auf öffentlichen Parkplätzen aufgeladen. Für längere Strecken werden vollautomatische Stationen zum Batteriewechsel aufgebaut, in denen die geleerte Batterie innerhalb von nur zwei Minuten durch eine geladene ersetzt wird. Mit Unterstützung einer speziellen Software bezahlt der Kunde – vergleichbar mit einer Telefonrechnung – nur die gefahrenen Kilometer.

Bis 2020 soll in Israel eine flächendeckende Infrastruktur dafür sorgen, dass Mobilität unabhängig von Erdöl wird. Dazu hat sich Agassi in einem Vertrag mit der Regierung verpflichtet. Er ist optimistisch: »Seit 2009 haben wir erfolgreiche Versuche mit den Batterie-Wechselanlagen durchgeführt. Ich glaube, wir sind in wenigen Jahren so weit, ganz auf Elektromobilität umzusteigen.« Auch in den anderen Modellregionen der Erde laufen die Modelle erfolgreich an. Dazu konnte er 750 Millionen US-Dollar von internationalen Investoren, etwa US-Banken, lukrieren: Sein Traum von einem »Better Place« nimmt also sehr konkrete Formen an.

Zhengrong Shi: der Sonnenkönig

Posen, Dezember 2008: Zhengrong Shi ist Chef des weltweit größten Solarkonzerns »Suntech«. Er beschäftigt 12.000 Mitarbeiter, die bereits zehn Millionen Solarmodule produziert haben. Trotzdem oder deswegen lerne ich den australisch-chinesischen Konzernboss bei der Weltklimakonferenz in Polen nicht als Wirtschaftsmagnaten, sondern vor allem als Visionär kennen – schwärmend von der magischen Zeitenwende: der Netzparität der Solarenergie, jenem Moment, ab dem Elektrizität aus Sonnenlicht zum selben Preis wie herkömmlicher Strom aus der Steckdose lieferbar sein wird. Was damals, vor drei Jahren, noch utopisch klang, nähert sich in Riesenschritten der Realität. Das Jahr 2015 könnte laut Einschätzung von Experten diesen historischen Durchbruch für Fotovoltaik markieren. In manchen, besonders ertragreichen Regionen sind wir heute schon so weit.

Zhengrong Shi ist erst 48 Jahre alt, doch schon längst eine Legende als Wegbereiter des erneuerbaren Wirtschaftswunders. Bei seinem Weg zur Fotovoltaik hat vorerst der Zufall Regie geführt. Als er und sein Zwillingsbruder 1963 in eine chinesische Bauernfamilie geboren wurden, herrschte bitterste Armut. Seine Eltern sahen keine Chance, für beide Buben sorgen zu können. Deshalb gaben sie ihn, den jüngeren Zwillingsbruder, zur Adoption frei. Rasch erkannten seine neuen Eltern, dann die Lehrer seine hohe Intelligenz, er wurde gefördert und schaffte einen Master-Abschluss in Optik an der Universität Schanghai.

Er hatte viel erreicht; aber aus seiner Sicht längst nicht genug. 1988 bewarb er sich wie viele andere chinesische Studenten um ein Studium im Ausland. Doch es wurden nicht wie erhofft die USA, sondern Australien. Und dies war der Glücksfall, der Zhengrong Shis Leben bestimmen sollte, denn er bekam einen Studienplatz am »Photovoltaics Centre of Excellence« der Universität New South Wales in Sidney. Dieser Zufall brachte ihn unter die Fittiche des legendären Solarforschers Martin Green. Dieser erkannte das hohe Potenzial des chinesischen Gaststudenten und holte ihn als Doktoranden zu sich. Forschungsschwerpunkt war die Erhöhung des Wirkungsgrades von Silizium-Solarzellen.

Ab diesem Zeitpunkt waren die Weichen gestellt: Shi wurde Geschäftsführer des Start-up-Unternehmens »Pacific Solar«, das sein Doktorvater gründete. Nach zehn Jahren im Ausland, längst australischer Bürger und Hoffnungsträger der Forschung und der Solarwirtschaft, zog es ihn aber zurück in seine Heimat. Er begab sich auf eine zähe Überzeugungstour zu Politikern und Verantwortlichen der Industrie, die anfangs wenig fruchtete. Über Monate rührte sich wenig, doch schlussendlich bekam er von »Wuxi New District« einen Kredit über umgerechnet sechs Millionen US-Dollar. So konnte er – übrigens unweit seines Geburtsortes im Südosten Chinas – im Jahr 2001 sein erstes Start-up-Unternehmen in der Solarindustrie gründen.

Zu diesem Zeitpunkt war die Solarproduktion in China faktisch nicht existent. Doch Shis Firma »Suntech« expandierte in einem atemberaubenden Tempo, verdoppelt seither den Umsatz jährlich. Bald stellte Chinas Regierung Kredite in der Höhe von 7,3 Milliarden Dollar bereit, um die weitere Expansion dieser Branche zu finanzieren. Im Windschatten von »Suntech« entstanden so Hunderte Solarfirmen, darunter »Yingli Green Energy«, »JA Solar« oder »China Sunergy«, die zu globalen Topproduzenten wurden.

Viele der Chefs dieser Weltkonzerne stammen aus der Forschergruppe um Martin Green und sie alle zog es in Shis Sog von Australien zurück nach China. Heute ist Shi übrigens der reichste Bürger Australiens, dessen Staatsbürgerschaft er behalten hat, und einer der reichsten Männer Chinas. Sein unverwüstlicher Optimismus und sein Mut zu Innovation und zu Visionen ist seine ergiebigste erneuerbare Energiequelle.

Klaus Fronius: der strahlende Gläubige

Sattledt, Dezember 2010: Klaus Fronius teilt mit Zhengrong Shi die Passion für Solarenergie, den kometenhaften unternehmerischen Aufstieg, die Fähigkeit, über den bestehenden Horizont hinauszudenken, sowie den festen Glauben an die Energierevolution: »Unsere zukunftsweisenden Technologien sind unerschöpfliche Quellen, mit denen wir die Ressourcen der Erde in unserem Interesse und dem unserer Nachkommen nachhaltig schonen«, betont der 63-jährige österreichische Industrielle, dessen Firma »Fronius« ursprünglich auf Schweißtechniken spezialisiert war.

Ab Mitte der 1970er-Jahre zählte auch das Verlegen von Ölpipelines zum Einsatzgebiet der Firmentechnologie, es wurde für »Fronius« bald zu einem zentralen Geschäftsfeld. Der enge Kontakt zur Ölbranche machte den Firmenchef nachdenklich, das Ende der Verfügbarkeit von Öl gab Klaus Fronius zu denken. So sehr, dass er vor 15 Jahren in die Zeit danach zu investieren begann und in die Solarbranche einstieg. Mit großem Erfolg: »Fronius« ist heute weltweit die Nummer zwei bei der Erzeugung von Wechselrichtern, die Solarstrom in Alltagsstrom verwandeln.

Waren es 2005 rund 250 Megawatt Solarstrom, die jährlich durch Wechselrichter aus seinem Haus weltweit neu ans Netz gingen, so sind es 2010 bereits über 1200 Megawatt. Bis 2017 soll sich die Menge noch einmal um das Siebenfache steigern und einen Jahresumsatz von über einer Milliarde Euro erzielen. Wechselrichter langen Klaus Fronius aber nicht. Er investiert weitaus höhere Summen als seine Konkurrenten in die Erforschung von grünen Zukunftstechnologien. Dabei hat er Batteriesysteme im Visier: die Brennstoffzelle als Speicher für Solarstrom. Die »Fronius«-Energiezelle ist weltweit eines der ersten weit entwickelten Konzepte, das es ermöglicht, Solarstrom zu speichern.

98 Prozent des Umsatzes erwirtschaftet »Fronius« mit seinen Wechselrichtern im Export. Dies nicht bloß, weil Österreich an sich ein kleiner Markt für Solarenergie ist. Das katastrophale Fördersys-

tem der österreichischen Bundesregierung hält ihn künstlich klein. Diese Sonnen(energie)finsternis macht Klaus Fronius manchmal fast wütend. Aber eben nur fast: Kurze Momente später haben sie ihn bereits wieder erfasst, die fast buddhistische positive Grundstimmung, der Glaube an die weltweite Energiewende und an grüne Wirtschaftswunder mit grünen Technologien. »Grid parity ist nur mehr eine Frage weniger Jahre, in Süditalien oder Kalifornien ist sie bereits heute Realität, in Österreich rechnen wir 2015 damit – der Ölpreis wird unaufhörlich steigen, die Energierevolution ist nicht aufzuhalten.«

Klaus Fronius will diese Dynamik für sein großes Ziel, weltweit Nummer eins zu werden, nutzen. Dies verfolgt er mit einer spannenden Unternehmensphilosophie: »Den Weg zur weltweiten Nummer eins wollen wir gemeinsam zurücklegen. Als Team. In einem Bus, der der roten Linie in der Mitte der Straße folgt. Alle im Bus kennen die Strategie. Ein Lenker ist daher überflüssig. Der Bus wird von der Energie der Mitarbeiter angetrieben, die im Bus sitzen. Die Energie entsteht im Kopf, wandelt sich in physikalische Energie und lässt den Bus vorwärtskommen.«

Andrea Dober: die für die Sonne durchs Feuer geht

Sattledt, August 2009: Jobwechsel ist angesagt. Ich sitze im Empfangsbereich der Firma »SOLution« am Telefon und versuche mich im Rahmen des Wahlkampfes für die Landtagswahlen 2009 als Solarverkäufer. Viele Anrufe, viel Interesse und Engagement und viel Kritik am schlechten Fördergesetz für Fotovoltaik. Ich lerne gern die andere Seite kennen, jene der Mitarbeiterinnen und Mitarbeiter, die von unserer Politik betroffen sind. Davon kann ich viel lernen. »SOLution«, so wie »Xolar« und »SunMaster« nach wirtschaftlichem Rückschlag Ende 2010, der durch den deutschen Förderstopp für Ökoheizungen verursacht wurde, mittlerweile Teil der weltweiten »Greiner Group« aus dem benachbarten Kremsmünster, ist eine besonders innovative Firma in Oberösterreichs »Solar Valley«, nur wenige Kilometer von »Fronius« entfernt. Weithin sichtbar ist das knallrote Firmengebäude, das Haus der Solartechnik, glaubwürdig wird es durch Zukunftsenergien betrieben: 600 Quadratmeter Solarthermie auf dem Dach, Solarwärmepumpen, Fotovoltaik und eine Adsorptions-Kältemaschine sorgen für erneuerbaren Betrieb. Andrea Dober, die Gründerin von »SOLution« war mir schon Monate zuvor aufgefallen. Eine kämpferische Frau mit dem unbändigen Willen zur Durchsetzung der Energierevolution. Unmittelbar nach ihrem Wirtschaftsstudium stieg sie mit 23 Jahren als Verkaufsleiterin einer Kärntner Solarfirma ein und wechselte als Standortleiterin 1997 nach Oberösterreich. Als die Firma an einen dänischen Konzern verkauft wird, macht sich Dober mit Kolleginnen und Kollegen selbstständig, gründet im Jahr 2000 »SOLution« und macht sich einen Namen mit innovativen Weiterentwicklungen im Solarbereich: die Solarwärmepumpe HeatSOL, die solare Kühlung, die neue Kollektorgeneration SOLrose machen »SOLution« international bekannt. Der Förderstopp für Solarheizungen im Rahmen des deutschen Marktanreizprogrammes 2010 und die schlechten Förderbedingungen bei Fotovoltaik in Österreich erschweren kurzfristig den wirtschaftlichen Erfolg. Und gerade deshalb meint Dober: »Wir können nicht darauf warten, dass die Politik die richtigen Rahmenbedingungen ermöglicht. Daher müssen wir uns mit noch mehr Tempo unabhängig machen von Förderungen. Das Interesse der Bevölkerung steigt laufend. Diese wenigen Jahre bis zur vollen Unabhängigkeit von Subventionen müssen wir engagiert überbrücken, dann ist die solare Zukunft nicht mehr zu stoppen.«

Sieben Geschichten über sieben Menschen, die für das Wunder der »Green Economy« arbeiten – sieben von vielen. Sie haben einiges gemeinsam: Sie glauben an die Notwendigkeit eines raschen Ausstiegs aus den fossilen Energieträgern, wollen dazu einen wesentlichen Beitrag liefern und haben in kürzester Zeit die Entwicklung der grünen Technologien vorangetrieben. Erfolgskarrieren, die zeigen, was in den nächsten Jahren und Jahrzehnten für die grüne Wirtschaft möglich sein wird. Sieben Menschen, die einen neuen Typus von Unternehmerinnen und Unternehmern verkörpern: Sie alle betrachten ihre Arbeit und ihre Unternehmen nicht als Selbstzweck, nicht als Lebensunterhalt allein, sondern sie alle wollen mit ihrem unternehmerischen Handeln erreichen, dass ihr Traum von der Energierevolution möglichst rasch Wirklichkeit wird. Mit vollem Risiko und voller Überzeugung.

6. DIE EFFIZIENZREVOLUTION ENTSCHEIDET ÜBER UNSERE ZUKUNFT

Hier erfahren wir, mit welchen Techniken wir unseren Energiever-brauch signifikant senken, wie viel Geld und wie viele CO_2-Emissionen wir dadurch einsparen und welche Initiativen der Politik dafür die Voraussetzung sind.

»The earth's climate can be protected not at a cost but at a profit.«
Paul Hawken, Amory Lovins, L. Hunter Lovins: Natural Capitalism: Creating the
Next Industrial Revolution, New York 1999

Es gab einen Punkt, ab dem Elke Widhalm genug hatte. Mit jedem Jahr waren die Energiekosten in ihrem großzügigen, aber auch schwer heizbaren Haus gestiegen. Die Belastung für das Familienbudget erreichte mit 4800 Euro pro Jahr ein Maß, das nicht mehr zu verkraften war. »Unsere Eltern vererbten uns ihr großes Haus. Mit 240 Quadratmetern Wohnfläche ist es eigentlich viel zu groß und viel zu teuer für meinen Mann und unsere beiden Kinder«, so die Lehrerin. »Mittlerweile entscheidet der Preis von Heizöl, ob wir uns einen Urlaub leisten können.«

Das Haus wurde 1970 gebaut, wie damals üblich, ohne auf Wärmedämmung zu achten. Die Widhalms setzten deshalb genau hier an. Der erste Schritt führte sie aber nicht in den Baumarkt, sondern zur Bank, um eine klare Kalkulation und Finanzierung zu erarbeiten. »Danach ließen wir uns vom Energiesparverband des Landes Oberösterreich umfassend darüber beraten, welche Investitionen aus deren Sicht am wirksamsten sein könnten. Mich hat es überrascht, wie rasch wir dann vom Vorhaben zur Tat schreiten konnten«, so Elke Widhalm.

Zu tun gab es genug: Zuerst wurde die Decke am Dachboden mit dreißig Zentimeter dicken Dämmplatten verstärkt. Die Widhalms erledigten dies selbst und mussten hier lediglich die Materialkosten von insgesamt 2500 Euro aufwenden. Auch auf der Unterseite der Decke legten sie selbst Hand an, verlegten wieder Platten um weitere 4800 Euro.

Die Unterstützung von Profis brauchte die Familie allerdings bei der Dämmung der Außenfassade des Hauses. 16 Zentimeter dick wurde die Hülle. Die Fassadenfirma und der Maler verrechneten insgesamt 22.000 Euro. Neben der Dämmung legten die Energieexperten der Familie auch nahe, in neue Fenster zu investieren, Kosten: 15.000 Euro.

Mit der Reduktion des Energieverbrauchs war es für die Widhalms aber nicht getan. Sie wollten sich mit der Renovierung auch aus der Abhängigkeit vom immer teureren Heizöl lösen. Erleichtert hat ihnen die Entscheidung, dass ihr Ölkessel ohnehin schon in die

Jahre gekommen war. Er wurde durch einen Pelletskessel ersetzt. Fürs Warmwasser und zur Unterstützung der Heizung wurde auf dem Dach eine thermische Solaranlage installiert.

Gut 60.000 Euro haben die Widhalms insgesamt investiert. Geholfen haben ihnen dabei Förderungen des Landes Oberösterreich: in Form eines 35-prozentigen Annuitätenzuschusses für den Kredit sowie einer Förderung von 4200 Euro für Pelletskessel und die thermische Solaranlage. – Und die Bilanz nach dem ersten Jahr? Lagen die Heizkosten vor der Sanierung bei rund 4600 Euro, so sind sie nun auf 900 Euro gesunken.

Frau Widhalm ist sichtlich erleichtert: »Durch das geringstverzinste Landesdarlehen plus einer Sonderkreditaktion meiner Hausbank ist die Investition für uns möglich. Zusätzlich helfen uns natürlich die eingesparten Energiekosten bei der Rückzahlung unseres Darlehens. Und wir können wieder beruhigt die Weltnachrichten verfolgen, ohne in Panik zu geraten, wenn von einem Anstieg des Ölpreises berichtet wird.« Am wichtigsten sei ihr aber, dass sie »ihren Kindern in die Augen sehen kann: Durch unsere Maßnahmen haben wir die Treibhausgas-Emissionen unserer Familie um 80 Prozent reduziert.«

Zehntausende Familien wie die Widhalms investieren derzeit in Oberösterreich in die thermische Sanierung ihrer Häuser. Allein in den Jahren 2009 und 2010 waren es jeweils weit über 10.000. Der Trend zeigt deutlich nach oben, die Sanierungsrate ist massiv angestiegen. Politik wirkt. Attraktive Fördermodelle der Landesregierung dynamisierten diese Investitionen in die Reduktion von Energiekosten, die Wertschöpfung bleibt dreifach im Land und schafft grüne Jobs: durch die Investition in die Energieeinsparung, in den Pelletsheizkessel sowie durch den laufenden Erwerb der Pellets.

Die thermischen Sanierungen brachten in Oberösterreich jedem Haushalt, der dies durchführte, im Schnitt eine jährliche Verringerung der Energiekosten um 2000 Euro und eine Reduktion des Energieverbrauchs von 225 auf 60 Kilowattstunden. Die CO_2-Emissionen wurden um fast zwei Drittel reduziert.

Für viele ist es ein Ausweg aus der Armutsfalle Energie. Das österreichische Forschungsinstitut ÖGUT hat im Februar 2011 errechnet, dass die jährlichen Mehrkosten für einen durchschnittlichen Haushalt je nach Lage und Lebensgewohnheiten bei einer Erhöhung des Ölpreises auf 200 Dollar bei einigen Hundert bis 5000 Euro liegen. Für Hunderttausende Haushalte in Österreich und Deutschland sind daher der Ausstieg aus dem Öl und die radikale Absenkung des Energieverbrauchs der einzige Ausweg aus drohender Energiearmut.

Mittlerweile sind es aber längst nicht nur Privathaushalte, die mit klugen Investitionen Geld und Energie sparen. Bereits 290 Unternehmen haben sich als sogenannte »Betriebe im Klimabündnis« zu konkreten Energieeinsparungen verpflichtet, Hunderte weitere werden durch den Landes-Energiesparverband beraten: mit dem Ergebnis, dass sie bis zur Hälfte ihrer Energie sparen können.

Linz, Herbst 2010: Das Hotel »Zum Schwarzen Bären« liegt in der Altstadt. Nach produktunabhängiger Beratung des Energiesparverbandes des Landes wurden die Fenster erneuert, die Außenwände und die oberste Geschoßdecke gedämmt, der Eingangsbereich umgebaut, die Haustechnik saniert. Um die Hälfte, exakt um 48 Prozent, weniger Energie ist nach dieser Sanierung nötig, um das Hotel zu heizen. Dazu ist es gelungen, die Problemzone Dachgeschoß wesentlich besser zu nutzen: Waren die Zimmer hier früher im Sommer zu heiß, im Winter zu kalt, sind sie nun das ganze Jahr über angenehm temperiert. Auch hier eine Win-win-win-Situation: Es profitieren das Klima, der betroffene Betrieb durch reduzierte Kosten und eine verbesserte Konkurrenzsituation sowie jene Firmen, die Technologien zur Effizienzsteigerung produzieren und liefern.

Auch in einem Vorort von Linz. Die Firma Rosenbauer ist weltweit renommierter Feuerwehrausstatter und Produzent modernster Löschtechnologie. Die Firmenchefs entschieden sich zu einer Gesamtsanierung mit Effizienzsteigerungen in der Gebäudeleittechnik, der Heizung, dem Spitzenlastmanagement, einer Energierückgewinnung und vielen Kleinmaßnahmen. Pro Jahr werden nun Energiekosten von über 53.000 Euro eingespart. Finanziert wurde die Investition durch ein Energie-Contracting mit Laufzeit und Amortisation von nur sieben Jahren.

Über 200.000 Wohnungen in Oberösterreich müssen thermisch saniert, sprich ordentlich gedämmt werden. Dazu kommt eine noch wesentlich größere »Baustelle« direkt vor unserer Haustür: Jedes zweite Haus in Deutschland muss in den kommenden 20 Jahren saniert werden. Für oberösterreichische Unternehmen, die in ihrem Heimatmarkt ideale Bedingungen fürs erste Wachstum und die Technologieentwicklung finden, ist dies eine gigantische Chance.

Frankreich wiederum hat gesetzlich festgelegt, dass im Zeitraum von 2009 bis 2012 800.000 Wohnungseinheiten thermisch saniert werden müssen, in den Folgejahren jeweils 400.000. 2020 dürfen in Frankreich nur mehr Plusenergiegebäude errichtet werden, Gebäude, die mehr Energie erzeugen, als sie verbrauchen. Für 2012 wird in Frankreich ein Umsatz im Effizienzmarkt von 22 Milliarden Euro prognostiziert. In Europa können und müssen wir die 190 Millionen existierenden Gebäude in den nächsten vier Jahrzehnten zu kleinen Kraftwerken machen: Plusenergiegebäude, die kaum mehr Energie verbrauchen, sondern Energie produzieren und ins Netz liefern. 190 Millionen kleine Kraftwerke!

Die EU-Kommission hat anlässlich des enttäuschenden Energie-Rats am 4. Februar 2011 vorgerechnet: Ein nicht saniertes Gebäude aus den Siebzigerjahren emittiert alles in allem jährlich 14 Tonnen CO_2, saniert auf Niedrigenergiestandard hingegen nur mehr 2,8 Tonnen.[43]

Deutschland, Frankreich, Oberösterreich: Schon jetzt sorgen die Förderoffensiven und gesetzlichen Maßnahmen dafür, dass die Wirtschaft brummt: Handwerker, kleine regionale Baufirmen, Installateure, die Erzeuger von Materialien zur Wärmedämmung, von effizienten Pumpen, Beleuchtungskörpern, Liften, Motoren – sie alle profitieren und immer mehr grüne Jobs entstehen. Statt Geld für den Import immer teurer werdender fossiler Energieträger quasi direkt ins Ausland zu überweisen, bleibt die Wertschöpfung in der

Region. Außer den Öldealern profitieren alle. Die Energieeinsparung ist unsere größte Schatzkiste, die es zu heben gilt. *Das ist das Motto: mit grünen Konzepten schwarze Zahlen schreiben.*

Die Energieeffizienz-Revolution

Energieeinsparung durch mehr Energieeffizienz wurde jahrzehntelang als Selbstverständlichkeit bezeichnet und gleichzeitig völlig vernachlässigt. So steigt und steigt weltweit der Energieverbrauch. Bis heute. Die Wirtschaftskrise verursachte in manchen Regionen eine kleine Delle nach unten, aber aktuell steigt der Verbrauch fast überall wieder an. Selbst zentrale Publikationen engagierter Energiespezialisten konzentrieren und reduzieren sich weitgehend auf die Zukunft erneuerbarer Energie. Das ist gut, aber nicht genug.

Selbst ein radikaler Ausbau der erneuerbaren Energieträger kann das Problem allein nicht lösen. Deshalb ist das Herzstück der Energierevolution eine Effizienzrevolution, um den Energieverbrauch dramatisch zu reduzieren. Ein Drittel weniger ist in Europa innerhalb von zwei Jahrzehnten realisierbar. Das schafft, wie die Umstellung der Energieerzeugung auf erneuerbare Energie, einen boomenden neuen Wirtschaftszweig mit dem Potenzial für Hunderttausende grüne Arbeitsplätze.

In ihrem pessimistischen Energiereport »World Energy Outlook 2010« prognostiziert die »Internationale Energieagentur« (IEA) einen dramatischen Anstieg des Energieverbrauchs in den nächsten Jahrzehnten.[44] So gibt es keine Chance, die derzeit – etwa von der EU – propagierten Klimaschutzziele zu erreichen, die Temperaturerhöhung auf unserem Planeten mit maximal zwei Grad Celsius zu begrenzen. Interessant an der kritischen Stoßrichtung ist übrigens, dass es sich bei der IEA um eine Organisation handelt, die im Ruf eines Naheverhältnisses zu den fossilen Energieversorgern steht.

- Der globale Primärenergieverbrauch werde laut IEA bis 2035 weiter deutlich ansteigen und um 36 Prozent über dem Wert des Jahres 2008 liegen, falls es keine deutlichen Korrekturen in der Energiepolitik gibt.
- Gleichzeitig werde der Ölverbrauch um weitere 18 Prozent wachsen, China die USA als größter Ölimporteur überholen.
- China, das im Jahr 2000 »nur« halb so viel Energie verbrauchte wie die USA, hat bereits 2009 die USA als größter Energieverbraucher überholt und werde durch weitere dramatische Zuwächse gemeinsam mit Indien die zentrale Verantwortung für den weltweit weiter wachsenden Verbrauch an Primärenergie tragen.

Beim Gesamtenergieverbrauch ist China tatsächlich mittlerweile die Nummer eins. Noch. Im aktuellen Fünfjahresplan räumt die Führung der Energieeffizienz oberste Priorität ein. Chinesische Politiker sprechen von einer Effizienzrevolution im Städtebau, der Industrie, die nur so ihre globale Konkurrenzfähigkeit aufrechterhalten kann. Wenn man bedenkt, was China beim Ausbau erneuerbarer Energieträger gelungen ist, sind das spannende Ansagen.

Trotzdem muss man die Relationen im Auge behalten. China verbraucht insgesamt die meiste Energie, aber wirft man einen Blick auf die Pro-Kopf-Werte, ändert sich das Bild. Bei dieser Reihung rangiert Kanada an der Spitze: 8.200 Kilo Öl-Äquivalente (die gesamte Energiemenge umgerechnet auf die Leistung von Öl) verbraucht ein Kanadier im Schnitt pro Jahr. An zweiter Stelle folgen die USA mit einem durchschnittlichen jährlichen Pro-Kopf-Verbrauch von 7800 Kilo, dann Australien mit 5800 Kilo. Die Schweiz, Österreich und Deutschland liegen bei 4000 bis 4200 Kilo, China hingegen lediglich bei 1000 Kilo, Indien gar nur bei 400 Kilo Öl-Äquivalente pro Jahr und Einwohner.

Ein anderes Beispiel aus der imposanten Zahlenreihe der IEA: *Energie um den Preis von einer Million US-Dollar wird in den USA in jeder Minute verbraucht.* Der Energieverbrauch in Gebäuden ist in den

USA für nahezu 40 Prozent der CO_2-Emissionen verantwortlich. Bei Nutzung vorhandener Technologien zur Effizienzsteigerung könnten die jährlichen Energiekosten in den USA um 300 Milliarden US-Dollar verringert werden. Ja, die Effizienzrevolution ist der Schlüssel für die Energiewende – ein riesiges Potenzial an Kostensenkungen, die schnellstmöglich realisiert werden müssen.

Klimaschutz ist am schnellsten und effizientesten umsetzbar, wenn wir unseren größten Schatz heben und uns dadurch Unsummen an Betriebskosten ersparen, die soziale Lage stabilisieren und unsere Wirtschaft konkurrenzfähiger machen.

Visite in Freiburg: minimaler Energieverbrauch, maximale Lebensqualität

Ein Spaziergang durch Vauban bedeutet, in ein wunderbares Lebensgefühl einzutauchen: kaum Autos, viele Fußgänger und Radfahrer, reihenweise Solarpaneele auf den drei- bis fünfstöckigen Häuserreihen, die in Passivhausqualität errichtet wurden – also durch ihre gute Isolierungen und spezielle Technologie kaum Energie für die Wärmeerzeugung verbrauchen. Vauban ist ein Viertel der deutschen Stadt Freiburg, »SUSI« sorgte hier für einen Umschwung und wurde zum Baustein einer lokalen Energierevolution, die weltweites Vorbild ist. Und möglichst bald weltweite Normalität werden muss.

»SUSI« steht für die »Selbstorganisierte Unabhängige Siedlungs-Initiative«. Im Süden Freiburgs, am Fuße des Schönbergs gelegen, wurde auf dem Gelände der ehemaligen Vauban-Kaserne ein Stück Zukunft verwirklicht. Mit dem Abzug der französischen Armee im Jahr 1992 wurden mit einem Schlag 38 Hektar innenstadtnahen Areals frei, bebaut mit Garagen, Mehrzweck- und Mannschaftsgebäuden, eine willkommene Chance in Zeiten der Wohnungsnot.

Energieeinsparung heißt nicht Verzicht, sondern bringt mehr Lebensqualität. In vielen Leuchtturmprojekten – Projekte, die zeigen, wo es langgeht – wurden ähnliche Projekte wie in Vauban verwirklicht – Passivhaussiedlungen, Passivhausfabriken, Passivschulen, Passivhauskindergärten und so fort.

Mittlerweile zeigen sich in Deutschland und Österreich erste Erfolge beim Energieverbrauch der Haushalte: Von 2000 bis 2009 ist der Energieverbrauch der deutschen Haushalte um 14 Prozent gesunken.[45]

Noch stärker in Oberösterreich: Um nicht heute die thermischen Sanierungsfälle von morgen zu bauen, senken wir in Oberösterreich alle zwei Jahre die Energiekennzahlen für Neubauten ab, die Voraussetzung für den Erhalt einer Wohnbauförderung sind.

Dies wurde 2005 festgeschrieben und seither geht's bergab mit Energieverbrauch und Energiekosten. So können sich Konsumenten und Wirtschaft langfristig auf die neuen Erfordernisse einstellen, können neue Technologien entwickelt werden. Das schafft immer mehr Klimaschutz, immer mehr Einsparungen bei den Betriebskosten und immer mehr Technologievorteil für Oberösterreichs Unternehmen. Denn je höher in einem akzeptablen Zeitraum die Latte gelegt wird, desto besser die Leistung. Mittlerweile schaffen auch die ersten Ziegelproduzenten die Passivhausstandards.

So geht's: die Ökodesign-Richtlinie im guten, grünen Europa

Eine Mischung aus neuen Technologien, informierten Konsumenten, Förderungen und Lenkungsmaßnahmen – das ist das Konzept zur Verwirklichung der Effizienzrevolution. Längst unumstritten ist heute, dass elektronische Geräte Mindeststandards an Sicherheitsbestimmungen erfüllen müssen, um am Markt zugelassen zu werden. Japan und Südkorea haben dieses Prinzip bereits vor Jahren auf den Energieverbrauch von Elektrogeräten ausgedehnt. Nur jene Produkte, die einen maximal zulässigen Energieverbrauch nicht überschreiten, dürfen auf den Markt kommen. Diese Obergrenze wird sukzessive gesenkt.

Dadurch wird die Verbesserung der Technologie zur Effizienzsteigerung dynamisiert und der Energieverbrauch nachhaltig reduziert. Mit der »Ökodesign-Richtlinie« hat die EU 2005 diese Idee übernommen und schreibt seither für eine breite Palette von Produkten per Verordnung eine Obergrenze des Energieverbrauchs vor. Dies reicht von Umwälzpumpen bis zu Elektromotoren, von Kühlgeräten bis zu Fernsehgeräten und Wäschetrocknern. Ziel: Stromfresser müssen vom Markt verbannt werden, nur mehr die effizientesten Technologien werden zugelassen, ein ständiger Entwicklungsschub wird ausgelöst. Es profitieren Arbeitsmarkt, Klimaschutz und die Konsumenten durch geringere Betriebskosten.

Diese Ökodesign-Richtlinie wird seit 2009 von energiebetriebenen Produkten auch auf energieverbrauchsrelevante Produkte ausgedehnt. Dazu zählen etwa Fenster, Isoliermaterialien und Duschköpfe, um nur einige Beispiele zu nennen. Sobald die Richtlinie vollständig umgesetzt sein wird, sollten die größten Einsparungen bei Elektromotoren, Straßen- und Bürobeleuchtungen sowie Umwälzpumpen ermöglicht werden. Der EU-weite Stromverbrauch soll dadurch um mehr als 12 Prozent verringert werden: Ja, so kann Energieeffizienz funktionieren, Technologieentwicklung gepusht und das Klima geschützt werden.

Vom Effizienzweltmeister Japan lernen

Noch nicht bei der Umstellung auf erneuerbare Energie, aber bei der Energieeffizienz gilt Japan als internationales Vorbild: Während sich das Bruttonationalprodukt zwischen 1973 und 2007 verdoppelte, konnte Japan seine Ölimporte im selben Zeitraum von fünf Millionen Barrel auf 4,12 Millionen Barrel verringern. In Relation zum Wirtschaftswachstum ging der Ölverbrauch somit um zwei Drittel zurück. Laut einer von »Morgan Stanley« erstellten Studie wurden so 140 Milliarden Dollar pro Jahr eingespart.[46] Nirgendwo sind auf den Straßen so viele benzinsparende Autos, so viele Hybridfahrzeuge zu sehen wie in Japan. Somit ist es kein Wunder, dass Japans Autofirmen auch bei der Entwicklung neuer, effizienter Motortechnologien die Nase vorne haben. Vorreiter gewinnen durch die erzwungene Technologieführerschaft auch wirtschaftlich.

Die japanische Regierung macht aus der geopolitischen Not eine Tugend der Zukunft. Das bevölkerungsreiche und extrem dicht besiedelte Land verfügt über so gut wie keine eigenen Rohstoffvorkommen. Die Verbesserung der Energieeffizienz ist somit – logischerweise – eine nationale Priorität. Nur so lässt sich die teure Abhängigkeit von fossiler Energie verringern und die Konkurrenzsituation der japanischen Wirtschaft am Weltmarkt aufrechterhalten und trotz der unglücklichen Rahmenbedingungen sogar verbessern.[47]

»Climate Group«, jene Nichtregierungsorganisation, die sich den Klimaschutz durch »Green Economy« zum Ziel setzt, hat für die USA gigantische Möglichkeiten errechnet, wenn bestmögliche Standards der Energieeffizienz ernsthaft angegangen würden. Kurzfristig wäre es dadurch möglich, den Ausstoß von Treibhausgasen bis 2020 um 22 Prozent zu verringern. Gleichzeitig würden diese Maßnahmen die Kosten für Energie um bis zu 240 Milliarden Dollar pro Jahr reduzieren.

Die EU hat in diesem Bereich bereits 2007 entsprechenden politischen Willen durchblicken lassen: Bis 2020 soll die Union um 20 Prozent weniger Energie verbrauchen. Gelingt dies, so könnte dies nach einer Studie von »Ecofys«[48] europäischen Verbrauchern und Unternehmen jährlich 78 Milliarden Euro ersparen. Pro Haushalt wäre im Jahr 2020 eine durchschnittliche Einsparung von 380 Euro möglich.

Das Problem, vielmehr die Probleme daran: Die Ziele sind unverbindlich und zurzeit liegt die EU deshalb bei diesen Energiesparzielen deutlich hinter dem Plan. Nur ein Drittel der notwendigen Maßnahmen zur Erreichung der Ziele wurde bisher verwirklicht. Und nach einem internen Papier der EU-Kommission vom Februar 2011 werden die Mitgliedsstaaten ihre Effizienz bis 2020 im Durchschnitt lediglich um 10 Prozent steigern.[49] Eine riesige vergebene Klima- und Wirtschaftschance! Es kann daher nur eine Konsequenz geben: So wie die Ziele zum Ausbau der erneuerbaren Energieträger müssen auch die EU-Ziele für mehr Energieeffizienz verbindlich werden, konkrete Detailziele für die Mitgliedsstaaten verbindlich verankert werden.

Weniger Energieverbrauch durch mehr Energieeffizienz ist der wichtigste Schritt hin zu einer kohlenstoffarmen Wirtschaft, einer Wirtschaft, die den Einsatz von fossiler Energie dramatisch verringert, und bringt massive Kosteneinsparungen sowie einen zentralen Konkurrenzvorteil für Europa am globalen Markt: grüne Jobs, mehr Klimaschutz, geringere Betriebskosten und ein Ausweg aus der Armutsfalle Energie.

Die Arbeiter, die aus der Kälte kamen

»Natürlich haben wir uns Sorgen gemacht, als uns der junge Chef ankündigte, dass es in der neuen Produktionshalle keine Heizung mehr geben wird«, erzählt mir ein Arbeiter, während er emsig an einem Teil einer Dachkonstruktion für eine Sporthalle hobelt. »Wenn wir arbeiten, dann ist natürlich klar, dass wir uns viel bewegen. Trotzdem: Was tun wir, wenn es jemandem zu kalt wird? Diese Frage haben wir uns anfangs schon gestellt. Aber nach einigen Tagen in der neuen Halle haben wir eingesehen, dass es keinen Grund für unsere Sorge gab. Die Abwärme der Maschinen und die Körperwärme reichen völlig aus, um die riesige, super gedämmte Halle zu heizen«, so der junge Mann. »Wird sind jetzt quasi unsere eigenen Heizkörper.«

»Obermayr Holzkonstruktionen« im oberösterreichischen Schwanenstadt hat sich auf Passivgebäude aus Holz spezialisiert und produziert in einer Passivhaus-Produktionshalle. Kaum einen Kilometer von der Firmenzentrale entfernt hat Obermayr eines seiner ersten Leuchtturmprojekte geschaffen: Europas erste Passivhaussanierung einer großen Schule, die zum Großteil mit Produkten von Obermayr durchgeführt wurde.

Das Gebäude war in den 1970er-Jahren errichtet worden; mit

Energiestandards auf katastrophalem Niveau. 2005/06 wurde eine Gesamtsanierung des Gebäudes für zirka 350 Schüler durchgeführt, wiedereröffnet wurde die Schule im Oktober 2007. Das Resultat der Investitionen, die nur um 8 Prozent höher lagen als bei einer herkömmlichen Sanierung: Der Heizwärmeverbrauch konnte um 88 Prozent, der Endenergiebedarf um 76 Prozent verringert werden. Schülerinnen und Schüler wie auch Lehrerinnen und Lehrer fühlen sich in den hellen Räumen wohl. Dass die Passivhaustechnologie auch dafür sorgt, dass in den Klassenzimmern stetig Frischluftqualität herrscht, spielt eine weitere wichtige Rolle.

Mit der Renovierung dieser Schule in Schwanenstadt wurden weltweit neue Maßstäbe in der thermisch optimierten Altbausanierung gesetzt. Und die Schule wurde geradezu zur Pilgerstätte von Expertendelegationen aus aller Welt. Aus Norwegen und Dänemark ebenso wie aus China. Und wer vor Ort bewundert, wie theoretische Konzepte in der Realität umgesetzt werden, der kauft gerne bei jenen ein, die die Technologien der Zukunft bereits verwirklicht haben. Verbindliche Energieeinsparungen durch eine Energieeffizienz-Revolution – das ist ein Technologiemotor für die nächsten Jahrzehnte, der gerade erst zu laufen begonnen hat. Und dieser Leuchtturm zeigt: Politik kann durch die Finanzierung der Zusatzkosten den entscheidenden Anstoß für die Umsetzung neuer Technologien geben und mittelfristig damit sparen helfen. Wird hingegen bei diesen zusätzlichen Investitionskosten gespart, dann kommt uns dies teuer zu stehen: durch mittelfristige Mehrkosten aufgrund erhöhter Betriebskosten, höherer Emissionen und weniger Wertschöpfung für die neue grüne Wirtschaft.

Aber die nächste Entwicklungsstufe moderner ökologischer Gebäude ist bereits Wirklichkeit: Im Rahmen des Wettbewerbs »Plusenergiehaus mit Elektromobilität« errichtet das »Institut für Leichtbau, Entwerfen und Konstruieren« (ILEK) in Berlin ein Pilotobjekt, das die Energieerzeugung am Gebäude optimiert sowie Elektromobilität in ein intelligentes Energie-Managementsystem einbindet. Hier wird mehr Ökoenergie erzeugt, als inklusive des Betriebs von Elektroautos mit einer Jahresleistung von 29.000 Kilometern verbraucht wird, der Rest kann im öffentlichen Netz vermarktet und am Ende seiner Nutzungsdauer zu 100 Prozent recycelt werden.

Nach den erneuerbaren Energieträgern werden auch Investitionen in die Energieeffizienz nicht nur als Kern des Kampfes für die Energiewende und gegen die Klimakrise verstanden, sondern auch als zentraler Teil der neuen »Green Economy«. Ein weiteres Indiz dafür ist die Gründung der »Deutschen Unternehmensinitiative Energieeffizienz« (DENEFF) im Januar 2011, die sich als politische Interessenvertretung für die Energieeinsparung sieht und einen intelligenten Mix aus Fördern und Fordern einfordert. Starten wird DENEFF, so Christian Noll, der Geschäftsführende Vorstand, mit dem Bereich Gebäudeeffizienz, da in diesem Bereich die größten Einsparungen möglich sind, anschließend wird die Tätigkeit auf industrielle Prozesse, effizienten Umgang mit Strom im Haushalt sowie auf Transport und Verkehr erweitert.

Einige Zeit nach dem Start der Offensive der erneuerbaren Energieträger beginnt nun sichtbar die Investitionsinitiative in die Effizienz. Es ist allerhöchste Zeit dafür.

Ja, es kann funktionieren. Die Technologien sind entwickelt und erprobt. Bei der Effizienzrevolution in der Beleuchtung etwa durch die Umstellung auf LED-Leuchten, deren Markt sich bis 2013 auf 14,3 Milliarden Dollar verdoppeln wird. Wir haben in ganz Europa die Chance, ein Drittel unseres Energieverbrauchs einzusparen und damit entscheidende Schritte in Richtung Klimaschutz, sinkender Energiekosten und sozialer Sicherheit zu gehen. Falls die Politik den Mut für die notwendigen Lenkungsmaßnahmen, Förderungen und Investitionen hat und damit die Umsätze der Energieversorger verringert, kann die Energieeffizienz der wichtigste Motor für Energiewende und Entschärfung der Klimakrise sein. So kann es gehen: Verbindlichkeit der europäischen Energieeffizienzziele, dynamische Weiterentwicklung der Ökodesign-Richtlinie, vollständige thermische Sanierung des Altgebäudebestandes während der kommenden 20 Jahre durch eine Kombination aus Förderungen und mittelfristiger Sanierungspflicht, konsequente Weiterentwicklung von Mindeststandards im gesamten Neubau, Förderpakete als Anstoß für Investitionen in die Energieeffizienz in allen Bereichen.

Effizienz lässt sich nur selten eröffnen, politisch schlecht vermarkten, wirkt wenig sexy. Darunter hat Energiesparen bislang gelitten. Das Bewusstsein muss sich daher grundlegend ändern: Energieeffizienz und Energieeinsparung müssen endlich als *die* Priorität der Energiewende erkannt werden, wichtiger als das Ausbauprogramm für erneuerbare Energieträger. *Die Energieeffizienz-Revolution entscheidet über unsere Zukunft*, denn ohne sie haben wir keine Chance auf 100 Prozent erneuerbare Energie und damit auf ein Bremsen der Klimakrise und der sozialen Krise.

7. DIE BERICHTE DER HOFFNUNG: ENERGIE-WENDE BOOMT, GRÜNER WIRTSCHAFTSMOTOR BRUMMT

Hier erfahren wir, dass China vom größten Luftverschmutzer zum weltweit größten Produzenten von Ökostrom werden will, wie in den USA eine starke grün-blaue Allianz entsteht, dass in Deutschland die Energierevolution nur mehr von der Regierungspolitik zu verhindern ist und wie vier Regionen und Dutzende Großstädte zu den weltweiten Vorreitern und Antreibern der Energierevolution wurden.

»Jede Stunde wird in China ein neues Windrad in Betrieb genommen.«
Offizieller Regierungsbericht Chinas über die Entwicklung der erneuerbaren Energie

»Allein durch zertifizierte grüne Gebäude werden die USA 2030 so viel Öl einsparen, wie das Land derzeit aus dem Nahen Osten importiert.«
State of Green Business 2010

Blauer Himmel und weiße Wolken

Shandong, Frühling 2010: Im äußersten Nordwesten der chinesischen Küstenprovinz, direkt an der hochfrequentierten Zugverbindung zwischen Peking und Schanghai, liegt die Industriestadt Dezhou. Die Fünf-Millionen-Einwohner-Stadt ist in China lediglich eine Stadt von »durchschnittlicher« Größe und war bislang vor allem als Zentrum der Hühnerzucht bekannt.

Heute ist Dezhou ein Modellversuch der Zukunft. Im Zentrum befindet sich das Industrieareal »Solar Valley«. So wie zahlreiche andere markante Punkte der Stadt ziert die Einfahrt in das Areal ein Transparent mit dem Leitmotto Dezhous: »Blauer Himmel und weiße Wolken für die nächsten Generationen«. 1,71 Millionen Tonnen CO_2 werden jährlich durch den Einsatz von Solarenergie vermieden. Ein Besuch in der Stadt macht zwar deutlich, dass zwischen Traum und Wirklichkeit noch eine gewaltige Lücke klafft. Aber der Weg ist geebnet.

Das Areal »Solar Valley« beherbergt derzeit 40 Unternehmen aus dem Bereich der Ökoenergie, über 120 Solarunternehmen haben in Dezhou investiert, berichtet Vizebürgermeister Li Xixin.[50] Dazu zählt die Firma »Himin Solar Energy Group«, Musterschüler des Modellversuches und mittlerweile mit einer Jahresproduktion von einer Million Stück einer der weltweit größten Erzeuger von thermischen Solaranlagen. Firmenchef Huan Ming führt stolz durch das Firmenareal. Chinas Solarthermie-Pionier ist Gründer, Mastermind und unermüdlicher Antreiber, der seit 15 Jahren für den Ausbau der Solarenergie kämpft.

Heute arbeitet bereits beinahe jeder dritte Bewohner der Stadt direkt in, im Umfeld oder bei Zulieferfirmen der Ökoenergie. Huan Ming hat große Ziele: »Dezhou wird das größte Solarzentrum der Welt«, kündigt er an. Ein Leitprojekt dafür ist »Utopia Garden«, ein Viertel, das gänzlich mit Solarenergie auskommen soll. Geplant sind 1600 Eigentumswohnungen in bis zu 30-stöckigen Hochhäusern, die mit Solarenergie versorgt werden, Solarampeln, Solar Cooling, 5000 solarbetriebene Straßenlaternen. – Dezhou soll mit »Utopia Garden« die Modellstadt für die Energiewende in China werden.

Weiter südlich, in der »heimlichen« Hauptstadt der Provinz Shandong, in Qingdao: Im Shangri-La-Hotel tagt Ende April 2010 »Chinas Kongress für erneuerbare Energie«. Die Sitzungsführung hat Gerhard Schröder, Deuschlands ehemaliger Chef einer rot-grünen Regierung. Ich bin eingeladen, mein Bundesland Oberösterreich als Europas Modellregion für die Energiewende zu präsentieren. 1000 Teilnehmer, die 700 Firmen der Öko-Branche repräsentieren, sind zu Gast.

Am Beginn der Konferenz präsentieren die chinesischen Gastgeber ihre Energieziele, die jedes grüne Herz höher schlagen lassen: 2005 hat China nach deutschem Vorbild das erste erneuerbare-Energien-Gesetz beschlossen. 2009 wurde das Gesetz verschärft und präzisiert, und damit wurden die Weichen gestellt für eine unglaubliche Wende in der Energieerzeugung. Motor der tugendhaften Entwicklung ist in Wahrheit die Not: Chinas Industrie ist längst der größte Luftverschmutzer der Welt. Die Folgekosten der Umweltzerstörung liegen bereits höher als der Gewinn der boomenden Wirtschaft. Der einzige Ausweg aus dem Dilemma: China will zum größten Produzenten von Ökoenergie werden. Gleichzeitig soll die Energieeffizienz auch aus Gründen der Wettbewerbsfähigkeit dramatisch verbessert werden. Noch geht Japan siebenmal effizienter mit Energie um als China.

China, das Land dramatischer Gegensätze: Gravierende Menschenrechtsverletzungen sind – trotz der immer größeren und selbstbewussten Mittelschicht – nach wie vor an der Tagesordnung, genauso wie – der globalen Wirtschaftskrise zum Trotz – steiles Wirtschaftswachstum. Das bevölkerungsreichste Land der Erde kämpft mit verheerenden Umweltproblemen und wird nach eigenen Regierungsprognosen bis 2015 um 800 Millionen Tonnen Kohle *mehr* als heute verbrauchen. Dann wird die unfassbare Menge von 3,8 Milliarden Tonnen Kohle zu Wärme und Strom, Luftschadstoffen und CO_2 verarbeitet. Gleichzeitig gilt China seit wenigen Jahren als Vorreiter grüner Technologien, mit enormen Potenzialen bei Wind, Sonne, Biomasse, Wasserkraft und vor allem Energieeffizienz.

Auf zwei Dritteln der Landoberfläche beträgt die jährliche Sonneneinstrahlungsdauer mehr als 2200 Stunden. Damit sind alle Formen der Sonnenenergie höchst wirtschaftlich. Während die Anwendung der thermischen Solarenergie boomt, steckt Solarstrom in China in den Kinderschuhen. Bereits mehr als 5000 Unternehmen erzeugen thermische Solaranlagen, vier chinesische Fotovoltaikkonzerne rangieren weltweit unter den Top Ten, doch beim Ausbau von Solarstrom liegt China im globalen Vergleich lediglich an achter Stelle. Noch.

Im Jahr 2020 sollen ein Fünftel des chinesischen Energieverbrauchs durch erneuerbare Energie gedeckt werden. Dieses Ziel wird massiv übertroffen werden, denn schon heute sind es 17 Prozent. Jährlich wird so viel in den Ausbau der erneuerbaren Energie investiert wie in den USA und Europa zusammen.

Die Ziele, die sich China steckt, sind gigantisch: Bis 2020 sollen die CO_2-Emissionen pro Produktionseinheit um 40 Prozent verringert werden, mehr Energie aus Biomasse als aus Atomenergie entstehen und die Windenergie auf 230 Gigawatt installierte Leistung vervielfacht werden. Diese Energiemenge entspricht der 13-fachen Leistung des gewaltigen Drei-Schluchten-Dammes am Yangtse. *Mit diesem enormen Einsatz von Windenergie werden 230 Millionen Tonnen Kohle ersetzt und die CO_2-Emissionen um unglaubliche 550 Millionen Tonnen verringert.* Seit 2009 ist China weltweit die Nummer eins beim Ausbau der Windenergie. In diesem Jahr wurden 13,8 Gigawatt an neuer Windleistung installiert – durch 10.129 neue Turbinen. Dies bedeutet, dass 2009 mehr als ein Windrad pro Stunde zusätzlich ans Netz ging. Aber es geht noch mehr: 2010 waren es bereits mehr als 15 Gigawatt.

Dies alles löst einen Boom der eigenen grünen Wirtschaft aus, bietet aber gleichzeitig auch viel Platz für grüne Technologien aus dem Ausland. China plant zudem, Weltmarktführer im Automobilbereich zu werden, und setzt deshalb massiv auf Elektromobilität.

Unsummen werden in dieses Ziel investiert, wie Wissenschafts- und Technologieminister Wan Gang feststellt: »Die nächsten fünf bis zehn Jahre werden für den Aufbau der weltweiten Elektromobilitätsindustrie entscheidend sein. China will die Chance nützen und in diesem neuen Technologiebereich die Welt anführen.«[51]

Dazu plant China im zwölften Fünfjahresplanes (gilt für 2011 bis 2015) neben Großinvestitionen in Elektromobilität und grüne Energie (allein 2009: 34 Milliarden Dollar) der Energieeffizienz allererste Priorität einzuräumen. Sogar internationale Umweltorganisationen sehen den ersten »grünen« Fünfjahresplan. Und Chinas führender Wirtschaftswissenschaftler Hu Angang lobt: »Der neue Fünfjahres-Wirtschaftsplan ist eine Chance für China, die grüne Revolution anzuführen.«[52]

Trotzdem: Das hohe Wirtschaftswachstum – Experten rechnen in den kommenden Jahren weiterhin mit Werten um 10 Prozent –, der Konsumhunger der prosperierenden Mittelschicht, die Erhöhung des Energieverbrauchs durch veränderte Lebensgewohnheiten werden den ökologischen Fußabdruck weiter wachsen lassen. Ob und vor allem in welchem Ausmaß es dem 1,3-Milliarden-Staat gelingt, die Energierevolution tatsächlich umzusetzen, wird zu einem der Schlüssel für den globalen Klimaschutz. Der Ausgang ist offen.

Amerikas grüner Traum: der weite Weg vom neuen Lebensgefühl zu neuen Strukturen und Gesetzen

In den vergangenen Jahren ist in den USA in weiten Teilen der Bevölkerung ein neues Lebensgefühl entstanden, Grün wurde von einer Farbe zu einem Indikator für die notwendige Veränderung hin zum Klimaschutz und zum Erhalt des Planeten. Eine der Initialzündungen war der Oscar-prämierte Dokumentarfilm »An Inconvenient Truth« des ehemaligen Vizepräsidenten Al Gore im Jahr 2006. Kurz danach veröffentlichte der UN-Klimarat besorgniserregende neue Prognosen. Die traumatischen Erfahrungen mit dem Hurrikan Katrina in New Orleans im Jahr 2005 standen am Beginn des Umdenkens.

Bereits 2007 war der neue Zeitgeist spürbar; selbst der damalige Präsident George W. Bush, bislang der treuestes Verbündete der fossilen Lobby in den USA, erwähnte den Klimawandel und dessen Gefahren in seiner Rede an die Nation. Medien wurden zu den Zugpferden der Bewegung.

Grüne Architektur, Autos, Kleider, Menüs und Mode wurden Insignien eines modernen und auch für die Massen interessanten Lebensstils, das Attribut »carbon neutral« floss in die Alltagssprache ein. Die bislang als »treehuggers« belächelten Umweltaktivisten waren plötzlich die Reichen und Schönen der Traumfabrik Hollywoods. Arnold Schwarzenegger, der im Gouverneursamt Kaliforniens als »Grüner Riese« die Rolle seines Lebens fand, prägte den Trend mit. Hollywoodstars wie Robert Redford, Cameron Diaz und Leonardo DiCaprio (2009 sogar mit dem »Green Help Award« ausgezeichnet) verkörperten ihn an vorderster Front.

Aus Stretchlimos wurden Hybridfahrzeuge, statt Lachs und Kavier waren Klima-Veggie-Buffets bei den Großevents das Must-have. Trotz der Wirtschaftskrise zogen Bioprodukte in beinahe jeden Lebensmittelmarkt ein. »Wal-Mart«, die größte Einzelhandelskette der Welt, wurde zu einem der größten Verkäufer biologischer Lebensmittel. Der Bio-Markt verdoppelte sich 2007; in den Jahren davor lag das maximale Wachstum bei 3 Prozent.[53]

Auch für Barack Obamas Wahl zum US-Präsidenten 2008 spielte diese Welle eines neuen grünen Lebensgefühls eine große Rolle. Der »Green New Deal« war eines seiner zentralen Wahlversprechen. Er zieht heute mit seiner Familie Biogemüse im Garten des Weißen Hauses, auf dem demnächst Solarpaneele installiert werden, die Regierung kaufte jedes vierte Hybridfahrzeug, das die US-Konzerne »Ford« und »General Motors« bauten, und er gab umfassende Investitionen für erneuerbare Energie frei, aber an der Durchsetzung seiner engagierten Klimaschutz- und Energiegesetzgebung scheiterte er bislang – auch am Widerstand in seiner eigenen Partei; jenem der Republikaner sowieso. Selten zuvor lief die legendäre Lobby-Maschinerie der US-Hauptstadt zu solchen Hochtouren auf wie zu dem Zeitpunkt, als die Vertreter der fossilen Versorgungsindustrie um ihre Pfründe zu kämpfen begannen.

Cambridge, Massachusetts, Mai 2009: Im Hyatt-Hotel direkt am Charles-River mit Blick auf die Skyline Bostons, ein paar Schritte vom »Massachusetts Institute of Technology« (MIT), dem weltweit führenden Solarforschungsinstitut, entfernt: ein Treffen mit Senator Marc Pacheco. Er versprüht Optimismus, wenn er aufzählt, was jetzt alles durchsetzbar ist: »80 Milliarden Dollar des US-Konjunkturprogrammes werden während des kommenden Jahrzehnts in den Umbau des amerikanischen Energiesektors fließen. Neben der Modernisierung des Stromnetzes, der Förderung von energieeffizienten Gebäuden sowie der Elektromobilität steht der Ausbau erneuerbarer Energie im Mittelpunkt der Förderprogramme.«

3,36 Milliarden Dollar wurden 2009 in erneuerbare Energie (ohne Wasserkraft) investiert. 2010 flossen 15 Milliarden Dollar in den Ausbau von Windenergie und es wurden 1,3 Milliarden Dollar in den Auf- und Ausbau von 1170 Solarprojekten investiert. Ein Schlüssel: 30 Prozent der Investitionskosten werden den Errichtern von Solar- und Windkraftanlagen als direkte Förderung der US-Regierung in Form eines Abzugs von den eigenen Steuerkosten oder dem Verkauf dieser Rechte an Dritte erstattet. In Summe wurden durch die neuen Fördermaßnahmen bis Ende 2010 13,7 Milliarden Euro an Investitionen in die grüne Energie ausgelöst.

Seit 2008 wächst der Einsatz der Fotovoltaik um durchschnittlich 48 Prozent pro Jahr. 2010 verdoppelte sich die Produktion, dazu entstehen jetzt bereits die ersten Großsolarkraftwerke. 2012 wird die Gesamtinvestition in Fotovoltaik bereits bei sechs Milliarden Dollar liegen. Rhone Resch, Chef der »Solar Energy Industries Association« (SEIA), ist enthusiastisch: »Heute ist es in den USA bereits möglich, dass du in einem Solarkrankenhaus auf die Welt kommst, in einer Solarschule unterrichtet wirst, dann an der Solaruniversität stu-

dierst und zwischendurch ein Bier trinkst, das in einer solarbetriebenen Brauerei gebraut wurde. Du wirst in einer Solarkirche getraut,
gehst zur Arbeit in ein Solarbüro, schaust dir dein Lieblings-Team im
Solarbaseballstadion an. Der Umfang des Einsatzes von Solarenergie
wird nun auch in den USA wirklich großartig.«

Bis zu 3,5 Millionen grüne Arbeitsplätze sollen per Geldspritze
aus Washington, neuen Gesetzen und grüner Lebenseinstellung vieler Bürger geschaffen werden. Die ersten 200.000 grünen Jobs wurden laut Erhebung der US-Regierung bis Ende 2010 bereits geschaffen. Senator Pacheco: »Es geht um den Klimaschutz und um unsere
Wettbewerbsfähigkeit beim Leitprodukt des 21. Jahrhunderts, der
grünen Technologie.« Unternehmensberater Roland Berger erwartet, dass die Umwelttechnik bis 2020 zu einer der größten Branchen
der USA mit einem Volumen von 2,6 Billionen Dollar wird.

Obwohl die USA enormen Nachholbedarf haben, soll bis 2025 ein
Viertel des Energieverbrauchs des Landes durch erneuerbare Quellen gedeckt werden. Und in seiner viel beachteten Rede zur Nation
kündigte Präsident Obama im Januar 2011 weitere, noch ambiti-
oniertere Ziel an: 80 Prozent des Stromverbrauchs sollen bis 2035
mit »sauberer Energie« abgedeckt werden, auf den Straßen der USA
sollen bereits 2015 eine Million Elektroautos fahren und die USA
damit bei der Entwicklung und Markteinführung dieser Technologie
weltweit die Nummer eins werden. Selbst der legendäre 83-jährige
Öl-Multimilliardär T. Boone Pickens ist mittlerweile geläutert, wirbt
für Wind, Sonne und Biomasse. Sein Hauptargument: »Wir zahlen
700 Milliarden Dollar im Jahr für Auslandsöl. Das macht uns ka-
putt.«[54]

T. Boone Pickens finanzierte früher übrigens massiv die politischen Kampagnen des Bush-Clans, darunter auch die des »Öl-
Lobby«-Präsidenten George W. Bush. Niemand hätte seinen Kurs-
wechsel erwartet, genauso wenig, dass Texas, die Heimat der Bushs,
vom Land der Viehherden und Öltürme zum Land der Windräder
werden würde. Wo 1956 James Deans letzter Film »Giganten« gedreht wurde, in der Hochwüste über dem Rio Grande, entsteht der-

zeit ein gigantischer Windpark nach dem anderen. 10.000 Megawatt Gesamtleistung werden in Texas heute bereits aus Windkraft erzielt. Mit einem aktuellen jährlichen Zubau von 9000 Megawatt Windstrom liegen die USA beim Ausbau von Windenergie Kopf an Kopf mit Deutschland und China. Und dabei sind die größten Projekte erst im Aufbau. Unter dem Dach des im Juni 2010 gegründeten »Atlantic Offshore Wind Energy Consortium« arbeiten das US-Innenministerium und die zehn Ostküstenstaaten intensiv an der nächsten Stufe des Ausbaus der erneuerbaren Energie. Dabei ist vor der Ostküste ein Windpark mit einer Leistung von 50.000 Megawatt geplant.

Aber auch in den USA kommt die wichtigste Dynamik von unten, aus den Regionen, von einzelnen Pionieren: John Schaeffer beispielsweise aus dem kalifornischen Hopland ist Solarpionier der ersten Stunde und verkörpert diesen Trend. Vor 30 Jahren eröffnete er einen kleinen Laden, in dem er Fotovoltaik-Inselanlagen verkaufte. In der dünn besiedelten Region, in der er lebt, ein spannendes Produkt. Heute notiert seine Firma »Real Goods Solar« an der Börse, wurde zu einem der größten Solar-Installationsbetriebe der USA und hat bereits 6000 Anlagen errichtet. Schaeffer brachte es zu einem Porträt im deutschen Fachmagazin »Photon«. Was einem solaren Ritterschlag sehr nahekommt.

Es ist kein Zufall, dass er dies ausgerechnet in Kalifornien schaffte – nicht nur des milden Klimas und des starken Sonnenertrags wegen. Während die nationale Regierung der USA lange bremste, wurden etliche Bundesstaaten, allen voran Kalifornien (immerhin die achtgrößte Wirtschaftsmacht der Welt), zu Vorreitern der Energierevolution. Bis 2020 muss in Kalifornien laut Klimagesetz der Ausstoß von Treibhausemissionen um ein Viertel verringert werden, Energieversorger müssen steigende Quoten von Solarstrom erfüllen, in Energie- und Technologieforschung wird massiv investiert.

Kalifornien wurde auch Ort der ersten direkten Auseinandersetzung zwischen Energiezukunft und Besitzstandswahrern. Eine Allianz von Erdölmagnaten wollte diesen Kurs im November 2010 mit gigantischem Werbeaufwand per Volksabstimmung kippen. Zehn

Milliarden Dollar wurden in dieses Unterfangen investiert. Ex-Gouverneur Arnold Schwarzenegger organisierte jedoch eine prominente und finanzstarke Gegenallianz, in der unter anderem Bill Gates, »Intel«-Gründer Gordon Moore und »Google«-Gründer Sergey Brin die Werbetrommel rührten. Ergebnis: 20 Prozentpunkte Vorsprung für die Beibehaltung der strengen Klimaschutzgesetze.

Trotz Budgetkrise wächst in Kalifornien unübersehbar eine neue grüne Wirtschaft heran, das Silicon Valley erlebt eine neue Blüte, ergrünt und wird zum »Solar Valley«. Schwarzeneggers Nachfolger Jerry Brown wird diesen Kurs weiter fördern und sogar verstärken: Eines seiner ersten Projekte wird ein riesiges Gezeitenkraftwerk in nächster Umgebung der Golden Gate Bridge in San Francisco sein.

Impulse gehen aber nicht bloß von einzelnen Pionieren und engagierten Bundesstaaten aus. Auch Unternehmen entdecken die grünen Technologien für sich; vor allem die Energieeffizienz. So kann in den USA allein durch Bautechnik, die auf Energiesparen setzt, bis zum Jahr 2030 das Äquivalent jener Menge Energie eingespart werden, die derzeit pro Jahr aus dem Nahen Osten importiert wird. Der jährliche Report »State of Green Business«[55] dokumentiert diese Trendumkehr der US-Wirtschaft: Bessere Konkurrenzfähigkeit durch mehr Energieeffizienz und damit geringere Produktionskosten ist das zentrale Ziel.

»Coca-Cola« zum Beispiel senkte den Energieverbrauch 2009 um 5,5 Millionen Kilowattstunden, »McDonald's« sparte 13,6 Prozent der beachtlichen Energiekostenrechnung aller Ketten von insgesamt 1,5 Milliarden Dollar ein. Bereits zehn Großkonzerne, darunter »Google«, »Timberland« oder »Nike«, verpflichteten sich dazu, kontrolliert besonders klimaschonend zu produzieren.

Die Energiewende ist in den USA nicht mehr zu stoppen, weil – trotz des nach wie vor beträchtlichen, teilweise militanten Widerstandes vor allem seitens der Republikanischen Partei und der milliardenstarken Lobbys – ein neues Lebensgefühl die Gesellschaft prägt. Dadurch ist die Dynamik der grünen Industriezweige geradezu entfesselt worden. Dazu werden die Verringerung der Treibhausemissionen, aber auch der Abbau der Abhängigkeit vom Öl mehr und mehr als Schritte im Sinne der nationalen Sicherheit betrachtet. Welches, wenn nicht dieses Argument, greift in den USA?

Zum größten politischen Problemfeld allerdings zählt die Verwirklichung der »green jobs« in den USA. Hier hat Präsident Barack Obama nicht bloß eine hohe Bringschuld aus Zeiten der Wahlversprechen, die nach wie vor hohe Arbeitslosenrate von fast 10 Prozent erhöht immer mehr den politischen Druck. Trotz erster Erfolge haben die USA Schwierigkeiten, die ersten spürbaren Anzeichen des Öko-Booms in Jobs umzumünzen, da es vor allem Firmen aus Deutschland und China sind, die die neuen grünen Technologien umsetzen. Der chinesische Marktführer »Suntech« beispielsweise deckt bereits 20 Prozent des US-Solarmarktes ab, produziert nun auch in Arizona und kann so auch Ausschreibungen gewinnen, die US-Produkte vorschreiben.

Wirtschaftskooperationen formieren sich erst langsam, wie etwa die Zusammenarbeit der »US Renewable Energy Group« sowie der »Cielo Wind Power« mit dem chinesischen Konsortium »Shenyang Power Group«. Ein Teil der für die USA geplanten Windturbinen wird in dieser Kooperation in China gebaut, der Rest in den USA. Die Investitionssumme für diesen Windausbau kommt zu zwei Dritteln aus China, der Rest aus Obamas Konjunkturpaket.

Die Probleme im Jobbereich sind Resultat der Blockade der vergangenen Jahrzehnte und des enormen Aufholbedarfes der USA. Mangels politischen Willens und eines Heimmarktes sind in den USA kaum Unternehmensstrukturen entstanden, keine Netzwerke, keine Ausbildungsprogramme für qualifizierte Arbeitskräfte. Derzeit sind in den USA eine Million Arbeitnehmer in »green jobs« tätig; im Vergleich zum vorhandenen Potenzial ein noch sehr bescheidener Wert. Um das Potenzial ausschöpfen zu können, wurde in den USA von Gewerkschaften und Umweltbewegung die »Blue Green Alliance« gegründet. Diese strategische Partnerschaft wirbt für die richtigen Rahmenbedingungen für grüne Jobs. Es ist ein weltweit einmaliges und bislang schon höchst erfolgreiches Modell. Hier kann Europa von den USA lernen.

Deutschland: Droht nach dem Beginn der Revolution die Rolle rückwärts?

Graz, September 2010: Nur wenige Tage vor seinem Tod treffe ich Hermann Scheer. Liebevoll wird der sozialdemokratische Bundestagsabgeordnete »Solarpapst« genannt, widmete er doch sein Leben der Energiewende. Gemeinsam mit Hans-Josef Fell von den deutschen Grünen hat er das deutsche erneuerbare-Energien-Gesetz (EEG) geschaffen, das seit dem Jahr 2000 zeigt, was möglich ist, wenn die Politik wirklich ernst macht und konkrete Maßnahmen zum Umsteuern setzt. In Graz erzählte mir Scheer von den sensationellen Ergebnissen des Gesetzes, das neben dem Atomausstieg das wichtigste nachhaltig wirkende Projekt der einstigen rot-grünen Bundesregierung Deutschlands geworden war.

Mit dem EEG wurde für einen Zeithorizont von 20 Jahren ein wirkungsvolles, attraktives, berechenbares Fördersystem für den Einsatz von Ökostrom verankert. So ist darin vorgesehen, dass jemand, der eine Fotovoltaikanlage errichtet, für die Dauer von 20 Jahren einen Fördertarif erhält, der den Erwerb der Anlage auf jeden Fall wirtschaftlich macht. Diese Beihilfen verringern sich für Neuanlagen schrittweise bis 2020 analog zu den steigenden Produktionsmengen und den damit sinkenden Anlagenpreisen.

Finanziert werden diese Förderungen durch einen Zuschlag auf die Strompreise – im Jahr 2011 in der Höhe von 3,5 Cent pro Kilowattstunde. Das sind bei einem durchschnittlichen Haushalt rund zehn Euro pro Monat. Allerdings ist dabei nicht berücksichtigt, dass der Ökostromboom zu einer Verbilligung der Preise an der Strombörse geführt und Kostendämpfungen von drei bis vier Milliarden Euro gebracht hat und damit die realen Kosten deutlich geringer liegen. Das EEG ist die weltweit erfolgreichste Maßnahme zum Umsteuern Richtung Energiewende: Der Anteil erneuerbarer Energieträger an der Stromversorgung ist im ersten Jahrzehnt der Gültigkeit des EEG von 5 auf 17 Prozent gestiegen. Ökoenergie erspart Deutschland mittlerweile 5,7 Milliarden Euro pro Jahr an Importkosten und 7,8

Milliarden Euro an Umweltschäden sowie 109 Millionen Tonnen an CO_2-Emissionen.

Mit jedem Jahr greift das EEG besser, denn mit der Vervielfachung der produzierten Anlagen sinken die Preise. Die Fotovoltaik erlebt dadurch einen weltweit einzigartigen Aufschwung, deckt bereits 2 Prozent der deutschen Stromversorgung und rückte in Deutschland bereits hinter Offshore-Windenergie und Biomasse zur Nummer drei der erneuerbaren Energietechnologien auf. Natürlich bringt das EEG eine wachsende Belastung für deutsche Haushalte. Dem muss man aber entgegensetzen, dass das EEG auch hilft, den Strompreis zu senken: durch die Verringerung der Importe von Öl, Kohle und Uran sowie die Preisreduktion an der Strombörse EEX.[56]

Mit einer drastischen Senkung der Vergütung für Solarstrom aus Neuanlagen im Jahr 2011 und dem Plan, ab 2012 jährlich zumindest 9 Prozent weitere Förderkürzung zu verwirklichen, werden auch die Anlagenpreise weiter massiv sinken. Spätestens 2017, in PV-Großkraftwerken sogar bereits 2015, wird Solarstrom unter Berücksichtigung der externen Kosten billiger sein als konventionelle Stromerzeugung.

Neben der Stromproduktion durch Fotovoltaik ist mit dem EEG auch die installierte Windleistung in Deutschland dramatisch gestiegen: von gut 6000 Megawatt im Jahr 2000 auf über 27.000 Megawatt 2010. Windkraft ist in manchen Regionen der Welt bereits auf demselben Preisniveau wie Kohlestrom, der Chef der Siemens Renewable Energy Division René Umlauft rechnet damit, dass dies in Deutschland in vier bis fünf Jahren erreicht sein wird. Die Finanzierungsbrücke in die Energiezukunft ist in Deutschland demnach viel kürzer als gedacht.

Der Anfang in Deutschland ist gemacht: Auf mehr als 13 Millionen Quadratmetern wird gratis die Sonne genützt, mehr als 20.000 Windräder verarbeiten den gratis vorhandenen Rohstoff Wind, mehr als 16 Prozent der deutschen Stromerzeugung kommen aus erneuerbaren Energiequellen – gut 4 Prozent waren es vor einem Jahrzehnt. Real things happen!

Während Deutschland aufgrund des EEG im Bereich der Strom-
umstellung auf einem hervorragenden Weg ist, gibt es bei der Wärmeversorgung noch Nachholbedarf. Zwar wurde auch hier 2008 mit
dem erneuerbare-Energien-Wärmegesetz (EEWärmeG) eine klare ge-
setzliche Regelung mit verbindlichen Anteilen erneuerbarer Energie
bei der Wärmeversorgung von Neubauten geschaffen, die Umsteue-
rungseffekte können mit dem EEG allerdings noch nicht mithalten.
Ziel ist es, den Anteil erneuerbarer Energie an der Wärmebereitstel-
lung bis 2020 auf 14 Prozent zu steigern.

Vor allem das EEG sorgt seit Jahren für einen tollen Zuwachs grüner Jobs in Deutschland: Seit 2004 hat sich die Zahl der Beschäftigten im Bereich der erneuerbaren Energie verdoppelt: 340.000 grüne
Arbeitsplätzen wurden geschaffen. Seit 2004 ist etwa die Zahl der Beschäftigten im Bereich der Geothermie um 706 Prozent, im Bereich
der Solarenergie um 221 Prozent und der Biomasse um 125 Prozent
gestiegen. Klare politische Steuerung machte aus Deutschland einen
spannenden Öko-Wirtschaftsstandort und Technologieführer bei
der Ökostromproduktion.

Das EEG sorgt für einen berechenbaren und planbaren heimi-
schen Wachstumsmarkt. Der so erreichte Technologievorsprung si-
chert deutschen Unternehmen eine hervorragende Konkurrenzpo-
sition in den weltweit wachsenden Märkten der Energiewende. Bis
zum Jahr 2030 wird sich nach Berechnungen des deutschen Umweltministeriums bei Fortsetzung des derzeitigen Trends und der aktuellen Weltmarktanteile die Zahl der Arbeitsplätze im Bereich grüner
Energie auf eine Million verdreifachen.[57]

Um diesen Trend fortsetzen zu können, muss Deutschland allerdings das EEG ohne Mengenbeschränkung beibehalten, Stromnetze
ausbauen und in Energiespeicher investieren.

Berlin, 28. Oktober 2010: Ein doppelter Trauertag im deutschen
Bundestag. Am Platz des Energierevolutionärs Hermann Scheer liegen Blumen zu seinem Gedenken. Nach einem Redemarathon stimmt
eine knappe Mehrheit der Abgeordneten für eine signifikante Lauf-

126

zeitverlängerung der deutschen Atomreaktoren um durchschnittlich zwölf Jahre. Es ist, als ob das Land in einer Zeitmaschine um ein Jahrzehnt zurückversetzt worden wäre.

Hans-Josef Fell von den deutschen Grünen übt in seiner Rede heftige Kritik: »Das Energiekonzept der Bundesregierung wird nicht die von Kanzlerin Merkel beschworene Revolution in das Zeitalter der erneuerbaren Energien sein, sondern der jähe Abbruch des Ausbaus vor allem der dezentralen erneuerbaren Energien.« Die im Oktober 2010 beschlossene Laufzeitverlängerung der Atomreaktoren als Brücke in die Energiewende zu bezeichnen ist tatsächlich eine dreiste Irreführung.

Erstens passt die dezentrale erneuerbare Energie mit der behäbigen Atomenergie nicht zusammen, erneuerbare Energieträger brauchen Energiespeicher und bis zu deren Bestehen Ausgleichskraftwerke, die rasch reagieren. Atomreaktoren sind das sicherlich nicht. Dies zeigte etwa der größte Stromausfall Nordamerikas im Jahr 2003, nach dem es zwölf Tage gedauert hat, um alle Atomkraftwerke wieder zum Laufen zu bringen. Zweitens verstopft schon jetzt Atomstrom die Netze. Drittens sind die Argumente für die Laufzeitverlängerung verräterisch. In den zur Rechtfertigung des Schrittes erstellten Szenarien wird von einem Ausbau des Solarstroms in der Größenordnung von lediglich 1,7 Gigawatt pro Jahr ausgegangen. So viel wurde im Laufe des Jahres 2010 in einzelnen Monaten erreicht. Ab dem Jahr 2020 wurde prognostiziert, dass die Deutschen sogar nur mehr 0,4 Gigawatt pro Jahr auf ihre Dächer bauen würden. Die Bedeutung von Solarstrom wurde also künstlich kleingerechnet, um Bedarf für Atomenergie zu suggerieren.

Manche Experten in Deutschland befürchten, dass dieser Kleinrechnung auch das Kleinwachsen folgen werde, denn sonst ergibt die Laufzeitverlängerung aus Sicht der Strommonopolisten keinen Sinn. Dies könnte durch eine Deckelung der maximal zulässigen Zubaumengen oder durch ein Aufheben des Vorrangs beim Netzzugang für erneuerbare Energie erreicht werden. Beides hätte fatale Folgen: Fotovoltaik würde damit nicht nur künstlich klein, sondern auch künstlich teuer gehalten. Das Ökostromwunder Deutschland wäre genauso Geschichte wie das grüne Wirtschaftswunder in diesem Segment. Die Vorbildwirkung auf viele Staaten, die das EEG bereits übernommen haben oder dies planen, wäre beendet. Die Demokratisierung der Energieerzeugung, der Beginn der nachhaltigen Veränderung der Monopolstrukturen wäre blockiert.

Die fossilen Besitzstandswahrer intensivieren ihre Angriffe auf das deutsche Solarstromwunder: erneuerbare Energieträger werden für starke Strompreiserhöhungen verantwortlich gemacht. Dabei sank der Kaufpreis an den Strombörsen in Deutschland 2009 und 2010 um fast 20 Prozent. Auch daran hat die Ökostromwelle wesentlichen Anteil, weil durch Wind- und Solaranlagen teure konventionelle Kraftwerke aus dem Markt verdrängt werden. Deutschlands Strommonopolisten spielen mit den Preiserhöhungen angesichts eines Jahresgesamtgewinnes von über 30 Milliarden Euro ein dreistes Spiel. Es geht ganz offensichtlich um Gewinnmaximierung und Stimmungsmache. Und um das Verteidigen der Monopolstrukturen.

Steigende Preise, überzogene Prognosen über Tausende Kilometer neuer Netze, die aufgrund des Ökostromausbaus erforderlich werden würden, in Wirklichkeit aber auch eine Folge der verfehlten Laufzeitverlängerungen sein könnten, die Warnung vor einem Kollaps der Netze infolge des starken PV-Zubaus – das erfolgreichste Fördergesetz der Welt soll in Deutschland Schritt für Schritt öffentlich ramponiert werden, um die Öffentlichkeit auf ein anschließendes Beschränken des PV-Ausbaus vorzubereiten. Schon beraten die Monopolisten mit den Spitzen der deutschen Bundesregierung über eine »Harmonisierung der Ökostromförderung in der EU« und meinen damit das Ende des EEG mit dem offensiven Ausbau der Stromproduktion durch die Konsumenten. Und der mehr als zögerliche Umgang mit dem notwendigen Ausbau der Netze und der Energiespeicher durch die Energiemonopolisten zeigt, dass die Besitzstandswahrer auf Blockade geschaltet haben. Revolution oder Rolle rückwärts?

Einen Vorteil hat die Debatte in Deutschland und anderen Ländern: Die Auseinandersetzung und die Interessengegensätze in Politik und Wirtschaft werden konkret sichtbar. Worum es wirklich geht, wird jedoch selten öffentlich gesagt. Geschehen im Herbst 2010 in Spanien: Laut der Zeitschrift »Libertad Digital« hat sich der Präsident von Spaniens größtem Energieversorger »Endesa« Borja Prado auf der Aktionärsversammlung bitterlich über die wegen des auch in Spanien starken Ökostrombooms stillstehenden Gas- und Kohlekraftwerke beklagt. »Wir haben das Biest gefüttert, und nun wird das Biest unser Ende sein.«[58]

Es ist ganz klar: Die Energiemonopolisten wollen im alten Geschäft bleiben, sie wollen ihre Grundlast- und Grenzkraftwerke weiter auslasten, sie wollen ihre profitablen Atomkraftwerke weiter betreiben, sie wollen ihre Machtpositionen zur Gewinnmaximierung behalten. Die Laufzeitverlängerung der deutschen Atomkraftwerke bringt ihnen nach unterschiedlichen Schätzungen einen zusätzlichen Gesamtgewinn von 20 bis 50 Milliarden Euro. Doch es geht um mehr, es geht um die Verteidigung der Struktur einer monopolen zentralisierten Energieversorgung. Die kalifornischen Umweltgesetze und das deutsche EEG sind ein Frontalangriff auf die alten Monopolstrukturen der fossilen Energiewirtschaft. In beiden Fällen wehren sich die Besitzstandswahrer mit aller Kraft. Die Auseinandersetzung in Kalifornien haben sie verloren. Die Auseinandersetzung um die Laufzeitverlängerung der Atomkraftwerke und das EEG ist der nächste Teil der historischen Kraftprobe über die Zukunft der Energie. In Deutschland und mit weltweiten Folgewirkungen.

Vorreiter sind Gewinner: die grünen Power-Regionen der Energierevolution

Bonn, Mai 2010: Die weltweite Energierevolution, die vierte industrielle Revolution, braucht Vorreiter. Regionen, die vorangehen, die zeigen, wie es geht, die grüne Technologien erstmals einsetzen, die beweisen, dass die Umstellung funktioniert, und die von ihrer

Vorreiterrolle auch wirtschaftlich profitieren. Vorreiter haben meist Technologievorsprünge und damit bessere Konkurrenzchancen am boomenden Markt der Energiewende.

Die Vereinten Nationen haben im Mai 2010 zur Weltklima-Zwischenkonferenz nach Bonn vier Regionen eingeladen, die weltweit zu diesen Vorreitern zählen. Die politische Ebene der Region ist für die Zukunft des Klimaschutzes entscheidend: Laut Einschätzung der Vereinten Nationen werden 70 bis 80 Prozent der nötigen Maßnahmen in den regionalen Kompetenzbereich fallen.

Mike Rann und Tim O'Loughlin sind seit Jahren ein eingespieltes Duo: Rann, der Premier Südaustraliens und in Personalunion Minister für Nachhaltigkeit und Klimaschutz, sowie O'Loughlin, der Verantwortliche für den Ausbau der erneuerbaren Energie in Südaustralien, verwandelten ihre Heimat in den vergangenen Jahren in eine Vorzeigeregion. Erstmals gibt es in Südaustralien ein Klimaschutzministerium, noch dazu mit dem Regierungschef an der Spitze des Ressorts. Erstmals beschloss ein Teil Australiens ein Klimaschutzgesetz, mit dem Ziel, Treibhausgas-Emissionen von 2005 bis 2050 um 60 Prozent zu reduzieren.

Dabei spielen der Ausbau von Windenergie, Solarenergie und Geothermie die tragenden Rollen. Südaustralien hat mittlerweile nach Dänemark pro Kopf die zweithöchste Windstromproduktion der Welt, 23 Prozent des Stromverbrauchs in Südaustralien werden durch erneuerbare Energieträger bestritten – 21 Prozent durch Wind, 2 Prozent durch Sonnenstrom. Das macht ein vollständiges Auslaufen der Kohlekraftwerke bis 2017 im Land der Kohle möglich. Und der große Boom soll jetzt kommen – alle Investitionen in die Energierevolution sind seit Anfang 2011 völlig steuerfrei.

Jean Charest hat als Premier des kanadischen Quebec ebenfalls ambitionierte Ziele festgelegt: Bis 2015 will Quebec 25 Milliarden Dollar unter anderem in neue Wind- und Wasserkraftwerke mit einer zusätzlichen Leistung von 9000 Megawatt investieren, 70.000 Jobs sollen durch dieses Energiewendeprogramm in Quebec entstehen.

Energieminister Jim Mather hat sich und Schottland die Latte ebenfalls hoch gelegt: Bis 2020 soll Schottland einen Anteil von 20 Prozent erneuerbare Energie aufweisen, die Stromerzeugung soll bis 2020 zur Hälfte erneuerbar sein und bis 2030 »weitestgehend« CO_2-frei. Und bis 2050 wollen die Schotten besonders sparsam bei den CO_2-Emissionen werden und diese um 80 Prozent verringern.

Oberösterreich ist Europas Modellregion der Energiewende

Linz, Mai 2010: Die Funken sprühen, die Lichtkegel spiegeln sich im Fenster des Gesichtsschutzes, das Schweißtraining läuft. Zwei Dutzend Arbeitslose werden auf Ökoenergie-TechnikerInnen umgeschult. Mit dabei: Anna (26) war zuvor Zahntechnikerin, Ali K. (21) war Friseur, Lydia (24) hatte noch gar keinen Job.

Alle drei antworten auf meine Frage, warum sie sich hier engagieren, mit dem gleichen Satz: »Weil ich so Chancen auf einen sicheren Arbeitsplatz habe und weil es Sinn macht!« 35.800 Menschen arbeiten derzeit in Oberösterreich in grünen Jobs: viele von ihnen bei den aufstrebenden Ökoenergie-Unternehmen sowie in jenen Firmen, die sich auf Energieeffizienztechnologien konzentrieren. Oberösterreich ist damit die klare Nummer eins bei grünen Jobs unter den österreichischen Bundesländern. 50.000 sollen es bis 2015 werden, dieses ambitionierte Ziel habe ich im Regierungsübereinkommen 2009 verankert.

Eine von mir in Auftrag gegebene Studie zu den dafür nötigen Rahmenbedingungen zeigt, dass neben den Forschungsoffensiven, die wir bereits starten, vor allem mehr Ausbildung, Weiterbildung und Umschulung, neue Lehrberufe und viel mehr qualifizierte Facharbeiterinnen und Facharbeiter erforderlich sein werden. Derzeit können Hunderte offene Stellen bei den Ökoenergie-Unternehmen nicht besetzt werden, so sehr brummt der Markt. – Willkommen im Vorzeigeland der Energiewende!

Linz, Juli 2009: In der Landesregierung werden auf meine Initiative 148 Maßnahmen für die Umsetzung der Energiewende beschlossen. Zwei Jahre davor war im oberösterreichischen Landtag und der Landesregierung erstmals in einer Region Europas der vollständige Umstieg auf erneuerbare Energieträger bei Raumwärme und Strom beschlossen worden: Bis zum Jahr 2030 soll dieser Umstieg schrittweise erfolgen.

Zwei Jahre hindurch erarbeiteten anschließend die Vertreter der Ökoenergie-Unternehmen, der Universität, des Energieinstitutes, des Energiesparverbandes, der Energieversorger und aller Sozialpartner das Umstellungsprogramm. Die Leitung des Prozesses hatte der engagierte Energiebeauftragte des Landes Gerhard Dell als Geschäftsführer des Energiesparverbandes inne. Einvernehmlich wurden diese 148 Maßnahmen festgelegt, nun werden sie schrittweise verwirklicht. Drei Viertel davon zielen auf Energieeinsparung ab: Das reicht vom Umtausch alter Heizungspumpen bis zu Stromsparinitiativen und der thermischen Sanierung jener 200.000 Wohnungen, die zwischen 1950 und 1980 mit sehr schlechten energietechnischen Standards errichtet wurden.

Dieser Kurs beginnt zu greifen: Seit 2005 steigt der Energieverbrauch der Industrieregion Oberösterreich nicht mehr an, 2009 ist er erstmals deutlich gesunken (minus 5,7 Prozent bei einem krisenbedingt um 1,8 Prozent reduzierten Wirtschaftswachstum), Wirtschaftswachstum und Energieverbrauch werden erfolgreich entkoppelt. Die thermischen Sanierungen nehmen durch ein neues Förderprogramm massiv zu und ein ambitioniertes Wohnbauförderungsgesetz sorgt dafür, dass alle zwei Jahre die Standards der Energiekennzahlen, die Fördervoraussetzung für den Erhalt der Wohnbauförderung sind, drastisch sinken und Ölheizungen und Stromdirektheizungen verboten sind. Dazu kommen Leuchtturmprojekte: besonders innovative Gebäude fast ohne Energieverbrauch, in denen neue Technologien mit Landesförderung errichtet werden und die beweisen, dass sich die Technologieinnovationen umsetzen lassen – Werbeträger für die Energiewende und für die Ökoenergie-

Unternehmen. Denn Fachdelegationen aus der ganzen Welt kommen, um diese Leuchtturmprojekte kennenzulernen, und das eröffnet tolle Exportchancen.

Wels, April 2011: Eröffnung des ersten grünen »Science Center« für erneuerbare Energie und Energieeffizienz, also für die Energiewende. Leicht zu verstehen für Kinder und Jugendliche, werden grüne Technologien quasi zum Angreifen präsentiert. 250.000 Besucher werden in dem grünen Schaufenster jährlich erwartet; die Energiewende erobert Herzen und Köpfe.

Schon jetzt sind mehr als 75 Prozent der Bürgerinnen und Bürger Oberösterreichs von der Energiewende überzeugt, 98 Prozent wünschen sich einen Ausbau der Sonnenenergie, zumindest mehr als zwei Drittel wollen mehr erneuerbare Energie und mehr Energieeffizienz, auch wenn's auf den ersten Blick mehr kosten sollte. Umgekehrt liegt die Zustimmung zur Atomenergie bei einem (!) Prozentpunkt. Das ist das wichtigste Erfolgsgeheimnis der Energiewende im Modellland Oberösterreich: Sie ist tief in der Bevölkerung und den Städten und Gemeinden verankert, es ist eine breite Interessenallianz entstanden, die auch wichtige Teile der Wirtschaft umfasst.

Fast die Hälfte der Gemeinden unseres Bundeslandes beteiligen sich mittlerweile direkt an der Energiewende und konzipieren ihren individuellen Weg des Ausstiegs aus den fossilen Energieträgern. Und sie nützen ihre spezifischen lokalen Potenziale an erneuerbarer Energie dabei bestmöglich: Mal ist es die Biomasse, ein anderes Mal die Kleinwasserkraft, in einer dritten Gemeinde, in der ein Solarthermie-Erzeuger beheimatet ist, hat der drastische Ausbau der Ökoheizungen Priorität; und in allen Fällen stehen Energieeffizienz und Einsparungsmaßnahmen im Mittelpunkt. Die Gemeinden erstellen – unterstützt von Landesförderung und externen Profis – ihre Konzeptionen fast immer unter Einbeziehung der interessierten Bürger, durch Energiestammtische und Energievereine. Insgesamt fast 10.000 Engagierte sind mittlerweile aktiv – eine neue Umweltbewegung ist entstanden.

Dies ist nur ein Beispiel für das eigentliche Fundament der Energiewende in Oberösterreich: Die Basis ist das klare Bekenntnis der Bevölkerung zu dem Projekt. Jahrelange Aufklärungsarbeit, Zehntausende Energieberatungen, die Präsenz bei Messen und Ausstellungen, die Verankerung im Schulunterricht und in der Öffentlichkeitsarbeit des Landes spielten eine wesentliche Rolle. Wo sonst wirbt ein Land offiziell für den Umstieg auf erneuerbare Energie?

Mindestens ebenso entscheidend ist der sichtbare Nutzen durch immer mehr grüne Jobs, das Partizipieren von fast jedem Industriekonzern – so macht der Stahlkonzern »Voest« derzeit bereits 100 Millionen Euro Jahresumsatz mit Zulieferungen zur Ökoenergie-Branche. Dies alles hat Konsequenzen beim Kaufverhalten, beim Konsumverhalten und bei politischen Entscheidungen. Und schafft neue Allianzen.

Als wir nach der für uns Grünen erfolgreichen Landtagswahl im Herbst 2009 mit der ÖVP abermals Regierungsverhandlungen begannen, versuchte diese nach sechs Jahren Zusammenarbeit die Energiepolitik, unser zentrales Gestaltungsfeld, wieder zu übernehmen. Doch Unternehmer und sogar Mitglieder anderer Parteien forderten öffentlich: Die Energiepolitik muss bei den Grünen bleiben. Denn der Bevölkerung ist klar: Die Energiewende verändert nicht bloß die Art und Weise der Energieerzeugung. *Die Energiewende verändert auch die Politik und unser Leben und sie bringt uns näher an die Entscheidungen*, wie wir leben, was wir verwirklichen wollen und was nicht. Die Energiewende ist ein riesengroßes Mosaik, in das 20 Jahre hindurch Baustein um Baustein der Gestaltung und Veränderung gefügt wird und das dem Land eine neue Identität gibt.

Stadl-Paura, Januar 2011: Lokalaugenschein beim nächsten geplanten Wasserkraftwerk an der Traun. Ein kleines politisches Wunder hat sich hier ereignet. Die örtliche Bürgerinitiative unterstützt nach umfassender Einbeziehung das Projekt eines Kleinflusskraftwerks. Der Standort wurde dort gewählt, wo bereits vor Jahrzehnten durch eine Wehranlage in den Flusslauf eingegriffen wurde. Zum

Ausgleich wird wenige Kilometer flussabwärts der seit Jahrzehnten regulierte Fluss renaturiert.

Der Standort wurde in einer umfassenden Suche nach den besten und gleichzeitig den für die Umwelt verträglichsten Standorten ausgewählt. Die vom Landes-Energieversorger »Energie AG« erstellte Liste möglicher Standorte wurde von Gewässerökologen, dem Naturschutz, Raumordnungsexperten untersucht und bewertet. Ein Gutteil der Fließstrecken wurde zu Tabuzonen erklärt, die in Zukunft nachhaltig geschützt werden, einige umweltverträgliche Standorte hingegen werden verwirklicht. Der Schwerpunkt beim Ausbau der Wasserkraft liegt allerdings bei der Modernisierung bestehender Anlagen: Bei über 200 Kleinwasserkraftwerken konnte in den vergangenen fünf Jahren durch eine Effizienzsteigerung, etwa durch neue Turbinen, der Energieertrag um durchschnittlich mehr als ein Drittel erhöht werden – ohne jeden zusätzlichen ökologischen Eingriff. Bereits 7 Prozent des Stromverbrauchs können durch Kleinwasserkraftwerke abgedeckt werden.

Ansfelden, Oktober 2010: Ein weiteres Nahwärmekraftwerk am Stadtrand von Linz wird eröffnet, ein Gutteil der am Stadtrand der Landeshauptstadt gelegenen Gemeinde wird in Zukunft per Biomasse geheizt. Mittlerweile arbeiten bereits 298 dieser Nah- und Fernwärmekraftwerke. Großteils als Genossenschaften strukturiert, verarbeiten sie Holz aus Oberösterreichs Wäldern zu Wärme. Zusammen mit 38.000 Biomasse-Zentralheizungen und 13 Wärmekraftwerken werden jährlich 1,3 Millionen Tonnen Biomasse zu erneuerbarer Energie verarbeitet und 1,2 Millionen Tonnen CO_2 damit eingespart. Bereits 17 Prozent des Gesamtenergieverbrauchs des Industrielandes Oberösterreich werden durch Biomasse erzeugt, gleich viel durch Wasserkraft.

Andorf, September 2010: Betriebsbesichtigung mit Karl Wagner, dem Chef des Fensterherstellers »Josko«. Bereits 730 Mitarbeiter sind es in seinem Betrieb, die vor allem Energiesparfenster erzeugen.

Für den größten Boom sorgte hier der Start der thermischen Sanierungsoffensive. Sogar im weltweiten Krisenjahr 2009 verzeichnete das Unternehmen ein Umsatzplus von 13,4 Prozent. So wie in Andorf bei »Josko« sind auch bei vielen anderen Isolationsfirmen, Installateuren, Handwerkern, Baufirmen die Auftragsbücher voll. Das wird sich in den nächsten Jahren nicht ändern. Denn der Kurs der thermischen Sanierung ist im Maßnahmenpaket zur Verwirklichung der Energiewende langfristig festgeschrieben. Die Unternehmen dieses Landes können sich genauso darauf verlassen wie die betroffenen Konsumentinnen und Konsumenten.

Linz, November 2010: Naturschützer und Interessierte an Energie tummeln sich bei einer Informationsveranstaltung meines Ressorts über die geplanten vier Pumpspeicherkraftwerke in Oberösterreich. Energieexperten informieren über die Notwendigkeit der Errichtung von solchen Kraftwerken, Vertreter der Behörden über den Stand der entsprechenden Verfahren.

Insgesamt rund 1200 Megawatt sollen diese vier Projekte in Zukunft dann erzeugen, wenn Flaute an Wind- und Solarstrom herrscht oder eine besonders hohe Nachfrage Versorgungsprobleme verursacht. Das Prinzip dieser Projekte ist einfach und erprobt: In Zeiten eines Stromüberangebotes wird Wasser bergauf in einen Speichersee gepumpt. In Zeiten eines Spitzenbedarfes oder des Mangels an Wind- und Sonnenstrom wird dieses Wasser bergab durch Turbinen gelassen. Oberösterreich kann so zu einem grünen Akku in Europa werden.

Ried, Januar 2011: Die Errichtung von Österreichs größtem Geothermiekraftwerk wird gestartet. Erstmals wird eine ganze Bezirkshauptstadt samt Nachbargemeinden mit Wärme aus mehr als 3000 Metern Tiefe versorgt – im Endausbau mit 90 Gigawatt Wärme pro Jahr. Über 80 Prozent der österreichischen Geothermiekapazität liegt damit in Oberösterreich. Engagiert sind hier auch die Bayern, denn gleichzeitig entsteht im oberbayerischen Kirchweidach das größte Erdwärmekraftwerk Deutschlands, das 60 Gigawatt Strom erzeugen wird und damit 20.000 Haushalte versorgen kann.

Wels, März 2011: Die Energiesparmesse mit über 100.000 Besuchern, eine der größten Publikumsmessen Europas, und die »World Sustainable Energy Days«, Europas größte Ökoenergie-Konferenz mit über 700 Teilnehmern aus mehr als 60 Staaten, sorgen seit Jahren für Rückenwind für Oberösterreichs Energierevolution und für den entsprechenden ökonomischen Nutzen. Hier in Wels arbeitet mit der Fachhochschule auch eine engagierte Ausbildungsschmiede für Managementfunktionen in der Ökoenergietechnik.

Linz, Dezember 2010: Die Universität Linz startet mit zehn Großfirmen ein Forschungsprojekt für Kunststoffsolaranlagen. Durch Massenfertigung und neue Materialien sollen die Kosten für thermische Solarenergie massiv reduziert werden. Das soll erst der Anfang sein: Mein Ziel ist es, die Universität Linz zu einer internationalen grünen Universität, zu einer Drehscheibe im Bereich der neuen grünen Umweltwirtschaft zu machen.

Linz, Dezember 2010: Bei der Jahresversammlung des Landes-Energiesparverbandes, der jährlich weit über 10.000 Energieberatungen im Sinn der Energiewende durchführt, wird Bilanz gezogen: Bereits 36 Prozent des Gesamtenergieverbrauchs, 46 Prozent der Wärmeerzeugung und 86 Prozent des Stromverbrauchs werden in Oberösterreich durch erneuerbare Energie abgedeckt. Oberösterreich zählt damit zu den Top-Regionen der Welt. Aber das ist erst der Anfang. Der Energiesparverband, als dessen Obmann ich fungiere, hat im vergangenen Jahr in Trainingsseminaren und Kursen mehr als 2200 Interessierte in Energiefragen ausgebildet, eine Stromsparkampagne und Effizienzsteigerungsprogramme verwirklicht und ist damit der starke Motor der Energiewende im Land.

Auch in Oberösterreich stehen wir erst am Anfang. 36 Prozent erneuerbare Energie am Gesamtenergieverbrauch, 46 Prozent am

Wärmeverbrauch, 86 Prozent am Stromverbrauch – da ist noch sehr viel zu tun in den kommenden 20 Jahren. Natürlich gibt es auch hier Widerstand. Einen neuen freiheitlichen Wohnbaureferenten etwa, der die Errungenschaften des energiesparenden Wohnbaus wieder rückgängig machen möchte; das Diktat angespannter Budgets; politischen Widerstand gegen den Ausbau der Windenergie, der deshalb seit Jahren stagniert; und eine Bundesregierung, die durch ihre Blockaden der Energiewende derzeit großen Gegenwind produziert. Aber wir sind vergleichsweise gut unterwegs. Es gibt eine breite Unterstützung in der Bevölkerung und Tausende Aktive. Eine Milliarde Euro ersparen wir uns heute an Ölimporten durch die Verwendung erneuerbarer Energie. Und es gelingt, immer mehr grüne Jobs zu schaffen, trotz einzelner wirtschaftlicher Einbrüche auch bei Ökoenergieunternehmen Ende 2010 durch die Förderstreichungen bei Ökoheizungen in Deutschland. Einer aktuellen Untersuchung des Wissenschaftsinstitutes Liqua[59] zufolge sind es derzeit bei einem erweiterten Ansatz der Öko-Wirtschaft samt grüner Mobilität und Logistik sowie »Green Service« und »Green IT« bereits 54.600 grüne Jobs in Oberösterreich. Bis 2020 könnten es sogar bis zu 115.000 werden. Wen überzeugt diese Kombination aus notwendigem Klimaschutz, energiewirtschaftlicher Unabhängigkeit, stabilen Betriebskosten und einer einzigartigen Jobchance nicht?

Großstädte werden immer mehr zum Motor von Klimaschutz und Energiewende

Aber nicht nur Regionen zeigen als Vorreiter den Kurs vor. Auch etliche Großstädte, vor allem einige gigantische Metropolen der Welt, erkennen immer mehr die Notwendigkeit von Klimaschutz und nutzen ihn, um die eigene Entwicklung zu beschleunigen. Immerhin: Derzeit lebt bereits die Hälfte der Weltbevölkerung in Städten, 2050 werden es zwei Drittel sein. Gleichzeitig verbrauchen Städte 80 Prozent aller Energie. Neben den Regionen, die ihre Vorstellungen vom Klimaschutz oft wider die Lähmung der Nationalstaaten verwirklichen, werden Städte für die Energierevolution immer wichtiger.

»Wir, die Vertreter der großen Städte der Erde, geben ab jetzt die Richtung vor«, kündigte Antonio Villaraigosa, Bürgermeister von Los Angeles, stellvertretend für seine Amtskollegen nach der UN-Klimakonferenz in Cancun an. Als Beweis listete er seine aktuellen Pläne auf. 150.000 Straßenlaternen werden mit LED-Lampen ausgestattet, Diesel-LKW ausgemustert, 65 Prozent des Mülls recycelt. 2011 soll Los Angeles die »Hauptstadt der Elektroautos« der USA werden.

Weltbank und OECD bekräftigen in soeben erschienenen Studien diesen Trend: Weniger nationale Regierungen, vielmehr Städte werden zum Schlüssel im Kampf gegen den Klimawandel. »Wir erwarten uns einen regelrechten globalen Wettbewerb darum, welche Stadt in der Innovation die Nase vorne hat«, so Andrew Steer, Klimaexperte der Weltbank. Er plädiert dafür, dass ein beträchtlicher Teil der Fonds für Klimaschutz und zur Anpassung an die veränderten Bedingungen direkt an Stadtregierungen, statt an ganze Länder vergeben werden sollte.

Zwischen 80 und 100 Milliarden US-Dollar sollen pro Jahr vor allem in weniger entwickelte Länder investiert werden. Dies kann für die ausufernden Megacitys ärmerer Regionen einen dringend nötigen Modernisierungsschub bedeuten. Die brasilianische Metropole São Paulo (20 Millionen Einwohner) zählt zu den Pionieren: Bis 2012 sollen Treibhausgas-Emissionen um ein Drittel im Vergleich zu 2005 verringert werden.

Die Palette der Maßnahmen ist vielfältig: Der gesamte Fuhrpark der Stadt wird auf Biotreibstoffe umgestellt. Wie in Bogotá, Jakarta, Johannesburg oder Mexico City werden heute Expresslinien mit schadstoffarmen Bussen quer durch die Stadt geführt, um die Verkehrslawine auszudünnen. Sämtliche Gebäude mit mehr als drei Badezimmern müssen mit thermischen Solaranlagen ausgestattet sein. São Paulos Bürgermeister Gilberto Kassab setzt auch auf

Symbolik, um, wie er sagt, »die Veränderung unseres Lebensstils sichtbar zu machen«. So wurden bereits 2007 Leuchtreklamen verboten.

Auch Istanbul will mit grüner Entwicklung das enorme Wachstum in geordnete und saubere Bahnen lenken. Bürgermeister Kadir Topbaş kündigt »radikale neue Energielösungen« für die 13 Millionen Einwohner der Stadt an. Dazu sollen Energie aus den Strömungen am Bosporus gewonnen, das U-Bahn-Netz massiv ausgebaut und neue Stadtteile konzipiert werden, die faktisch ohne fossile Energieträger auskommen können.

Zu den herausragenden Vorreitern in Europa zählt neben Kopenhagen auch Stockholm, 2010 von der EU zur ersten »Grünen Hauptstadt« gekürt. Seit 1990 wurden die Treibhaus-Emissionen in der schwedischen Hauptstadt um 25 Prozent verringert. Dies gelang etwa mittels Nahwärmenetzen, die mit hohen Anteilen erneuerbarer Energie quasi vor der Tür der Abnehmer Heizenergie liefern. Massiv veränderte sich zudem die Mobilität. Um 75 Prozent mehr Wege legen die Stockholmer heute per Rad zurück als noch vor zehn Jahren. Und die City-Maut, so die Stadtverwaltung, habe den CO_2-Ausstoß durch Individualverkehr um 14 Prozent und den Verkehr insgesamt um 25 Prozent verringert.

Mut zur erneuerung bewies auch Barcelona. Seit fünf Jahren müssen in der spanischen Stadt alle Gebäude 60 Prozent des Warmwassers mit thermischen Solaranlagen erzeugen. Kopenhagen wiederum will bis 2025 gänzlich ohne fossile Energieträger auskommen. Die vielleicht spektakulärste Maßnahme: Dächer werden mit Gräsern bepflanzt – zur Anpassung an die zu erwartende widrige Witterung, aber auch, um neben Holz Biomasse fürs Heizen zu gewinnen. Als Musterstadt gilt auch Amsterdam, wo man – unter anderem – plant, Frachtschiffe von Diesel- auf Elektromotoren umzurüsten.

Bemerkenswert ist, dass echtes »grünes« Leben mehr und mehr Resultat einer nachhaltigen urbanen Zivilisation wird. Wie groß hier der Spielraum ist, wurde für Toronto errechnet. Jemand, der im Zentrum der Metropole lebt, nur öffentliche Verkehrsmittel benutzt, belastet das Klima mit 1,3 Tonnen Treibhausgasen im Jahr und liegt damit etwa beim niedrigen Wert von Ländern wie Costa Rica. Wer in Vororten im eigenen Haus wohnt und mit dem Auto zur Arbeit pendelt, kommt auf 13,3 Tonnen pro Jahr.

Die Vorreiter sind aktiv – in Großstädten und Regionen. Sie treiben die ersten Schritte der weltweiten Energierevolution voran, sie schaffen eine positive Dynamik, einen boomenden Markt und viel Hoffnung. Aber das ist erst der Anfang. Wenn wir auf diesem Planeten die Temperaturerhöhung tatsächlich auf maximal zwei Grad Celsius begrenzen wollen, müssen die innovativen Schritte der Vorreiter bald Normalität für alle werden.

8. VOM SELBSTVERSCHUL-DETEN SCHEITERN DES KLIMASCHUTZES ZUM FEUER DER ENERGIE-REVOLUTION

Hier erfahren wir, wie sich die Klimaschutzbewegung durch Weltklimakonferenzen und Emissionshandel selbst knebelt und fesselt und warum wir statt Mindestkompromissen eine völlig neue Strategie brauchen, um rechtzeitig die Trendwende zur Energierevolution zu schaffen.

>»Knapp sind nicht die erneuerbaren Energien, knapp ist nur die Zeit.«
>
> *Hermann Scheer, kurz vor seinem Tod 2010*

Klimakonferenzen wollen einen Kompromiss aller – das gibt den Bremsern Macht

Cancun, Dezember 2010: Auch die 16. Weltklimakonferenz wurde ohne konkreten Weltklimavertrag zur Festlegung verbindlicher Reduktionsschritte für die CO_2-Emissionen aller Staaten beendet. Auf die Kälte von Kopenhagen folgte die Hitze Mexikos. Ein Wechselbad der Temperaturen, aber Kontinuität in der Erfolglosigkeit der Verhandlungen. Wieder Tausende Teilnehmerinnen und Teilnehmer bei der 16. UN-Klimakonferenz, die abermals *zur letzten Chance* für einen notwendigen Weltklimavertrag als Nachfolgeregelung des 2012 auslaufenden Kyoto-Vertrages ausgerufen wurde. Wieder demonstrieren Umweltgruppen, verzweifeln Aktivisten, warnen Experten und zaudern die Regierungschefs. Und wieder kein Durchbruch, kein nennenswertes Ergebnis mit verbindlichen Reduktionsschritten. Trotz des Versuchs des Schönredens bleiben unterm Strich Enttäuschung und wachsende Resignation. Nichts Neues für eine Weltklimakonferenz. In diesem Jahrzehnt muss die Trendwende hin zu sinkenden Emissionen erfolgen, ansonsten wird die Klimakrise unkontrollierbar. Die Jahre vergehen, die Zeit verrinnt.

Ein Blick zurück – genau ein Jahr zuvor in der Kälte von Kopenhagen: »Hopenhagen« war die Devise, wann sollte der große Wurf gelingen, wenn nicht jetzt nach der Veröffentlichung der Alarmstudien der Wissenschaft, nach dem wachrüttelnden Bericht des Weltklimarates IPPC, nach der großen Sensibilisierung der Weltöffentlichkeit? 65.000 Teilnehmerinnen und Teilnehmer waren zur 15. UN-Weltklimakonferenz, der größten politischen Konferenz der Geschichte, gekommen. Sie drängten sich täglich in ein Gebäude, das maximal 20.000 Menschen Platz bietet. Diese Diskrepanz symbolisiert die Kluft zwischen dem großen Vorhaben und dem fehlenden großen Wurf. Ist es die Größe des Prozesses, ist es die Unfähigkeit der Regierungschefs oder ist es ganz einfach die falsche Strategie, die Unterschrift von allen erreichen zu wollen, und damit nur Minimalkompromisse zu ermöglichen und den Bremsern die ganze Macht zu geben?

144

Ich war zuvor bereits 2008 in Polen und 2006 in Montreal dabei. Auf allen diesen Stationen mache ich dieselben Erfahrungen: Unendliche Verhandlungsrunden, die sich im Kreis drehen, keine politischen Fortschritte auf zwischenstaatlicher Ebene, Stagnation durch die Suche nach Minimalkompromissen – nichts bewegt sich, aber die Emissionen steigen unaufhörlich an, die verbleibende Zeit für die notwendige Klimawende verrinnt. Dafür jedoch sehr produktive Konferenzen der Regionen, Erfolge und eine positive Dynamik der Vorreiterregionen und der Modellstädte, dadurch große Fortschritte beim Start der Energierevolution und dem Aufbau einer globalen »Green Economy«. Die Welt scheint sich in zwei Wirklichkeiten zu teilen.

Auch am Ende der Konferenz in »Hopenhagen« wird aus der proklamierten »letzten Chance« kein vertraglich bindender Weltklimavertrag, keinerlei konkrete Verringerung der CO_2-Emissionen, sondern ein Minimalkompromiss in Form eines Bekenntnisses zum sogenannten Zwei-Grad-Ziel: Die Temperatur der Erde darf bis zum Ende dieses Jahrhunderts nicht über zwei Grad Celsius ansteigen. 144 Länder bekannten sich dazu und zur Einführung entsprechender Maßnahmen. Ein Jahr später bestätigt die Folgekonferenz in Cancun diesen Beschluss. Was aber bedeutet er konkret? Er gibt uns enorme neue Chancen!

Um eine Temperaturerhöhung von mehr als zwei Grad Celsius zu vermeiden, müssen die globalen Treibhausgas-Emissionen bis 2050 um 80 Prozent verringert werden. Das ist ein gigantisches Ziel; eine Vollbremsung des Einsatzes von fossilen Energieträgern. Um das zu schaffen, müssen allen voran die Industrieländer ihre Energieerzeugung bis Mitte des Jahrhunderts vollständig auf erneuerbare Quellen umstellen. Die Staats- und Regierungschefs haben also in Kopenhagen und Cancun nicht mehr und nicht weniger als die Klimawende durch eine Energierevolution beschlossen. Ob sie sich darüber im Klaren waren? Um dieses Ziel aber auch zu verwirklichen, braucht es gänzlich andere Strategien und Vorgangsweisen – mit den alten Instrumenten sind wir chancenlos.

Wie ein Report der UN-Umweltorganisation UNEP im Oktober 2010 zeigt, müssten als erste Trendwende die globalen Treibhausgas-Emissionen – also CO_2 und die weiteren Treibhausgase zusammengerechnet – bis zum Jahr 2020 von derzeit 48 Milliarden auf einen jährlichen Wert von 44 Milliarden Tonnen eingebremst werden, damit das Zwei-Grad-Ziel erreicht werden kann. Die in Kopenhagen in Aussicht gestellten Maßnahmen der einzelnen Staaten würden bei Weitem nicht ausreichen, das Ziel würde damit um zumindest fünf Milliarden Tonnen jährlich überschritten, so viel wie weltweit derzeit der Verkehr an CO_2 emittiert. Wird nichts getan und »Business as usual« praktiziert, dann steigen die Emissionen bis 2020 auf 56 Milliarden Tonnen, bis 2100 sogar fast auf unvorstellbare 150 Milliarden Tonnen.

Ein Blick auf die Werte der Vergangenheit zeigt, wie realistisch dieses Negativszenario ist: Noch im Jahr 1990 lag die jährliche Emission bei 22,7 Milliarden Tonnen CO_2 (ohne die weiteren Treibhausgase). Bis 2009 stiegen sie auf 31,1 Milliarden Tonnen. Dieses Jahr markierte dann einen historischen Durchbruch: Erstmals waren die Emissionen im Vergleich zum Vorjahr gesunken. Allerdings lag dies am Einbruch der Weltwirtschaft infolge der Krise. Schon 2010 wurde abermals ein Aufwärtstrend registriert. Vom Ziel, die globalen Emissionen bis 2050 radikal zu senken, ist die Weltgemeinschaft somit noch sehr weit entfernt. Dies illustriert, wie zahnlos die bisher getroffenen Vereinbarungen sind.

Sicher ist aber: Steigt die globale Durchschnittstemperatur stärker als um zwei Grad Celsius an, dann droht eine unkontrollierbare Klimakrise. Denn schon im Jahr 2010, mit einer Temperaturerhöhung von 0,8 Grad Celsius seit dem Beginn des Industriezeitalters, wurde deutlich, wie stark das Weltklima bereits bei diesem vergleichsweise geringen Wert aus den Fugen gerät. Was droht uns dann angesichts von vier, fünf oder sechs Grad Temperaturerhöhung?

Als »Sommer der Naturkatastrophen« werden Juni, Juli und August 2010 in die Chronik eingehen. Anfang September 2010 sehe ich in der europäischen Weltraumbehörde ESA in Frascati bei Rom das gigantische Ausmaß der Katastrophen auf den Satellitenbildern. Extreme Witterungsereignisse in 13 Regionen der Welt wurden binnen dieser drei Monate beobachtet: eine historische Flutkatastrophe in Pakistan, Hochwasser in drei Teilen Chinas und Westafrika sowie Waldbrände in Rekordausmaß in Russland. Der Trend setzt sich fort und fort: Hunderte Tote in Brasilien und Sri Lanka Anfang 2011 nach schwerem Hochwasser, eine historische Dürre im Amazonas-Regenwald, eine historische Flut in Australien, die nicht nur über ein Dutzend Tote fordert, sondern mit den Naturkatastrophen des Sommers zu einem dramatischen Faktor im weiteren Anstieg von Lebensmittelpreisen wird und so den Hungertod Tausender, wenn nicht Zehntausender bedeuten kann.

Wie der Emissionshandel den Klimaschutz in die Sackgasse führt

Können wir diese schweren Krisen des Planeten mit Instrumenten neoliberaler Marktwirtschaft lösen? Können die Verursacher der Klimakrise auch die Retter vor ihr sein? Kann das größte Marktversagen durch neoliberale Marktwirtschaft gestoppt werden? Viele führende Regierungspolitiker scheinen seit Jahren zu glauben, dass dies funktioniert – durch den sogenannten Emissionshandel von Treibhausgasen als Mittel zu ihrer Reduktion. Dabei ist der zentrale Schwachpunkt dieser Methode nach einigen Jahren Praxis offensichtlich: Die globalen Treibhausgas-Emissionen blieben so gut wie unbeeinflusst, sie steigen trotz Milliardeninvestitionen in den Emissionshandel weiter an. *Der Emissionshandel führt zu hohen Aufwendungen und minimalem Nutzen.*

Wie kam es zu diesem blinden Glauben an die Fähigkeit des Marktes, die Emissionen zu drosseln, *den Markt selbst das größte Marktversagen der Menschheitsgeschichte lösen zu lassen?* Die Idee geht auf eine Theorie zurück, die vom britischen Wirtschafts-Nobelpreisträger Ronald Coase in den 1960er-Jahren entwickelt wurde. Für Coase war

Verschmutzung ein Produktionsfaktor von vielen, Umweltprobleme könnten »marktwirtschaftlich gelöst werden«, der Staat müsse lediglich die Rahmenbedingungen vorgeben, dann regle der Markt alles von selbst.

In der Praxis wurde die Theorie erstmals in den USA im Jahr 1990 getestet. Bei der Reform des »Clean Air Acts« sollten mittels Emissionshandel die Schwefeldioxid-Emissionen reduziert werden. Zur Finanzierung des Vorhabens waren Verschmutzungs-Zertifikate für die Industrie ausgegeben worden. Das Ergebnis konnte sich – oberflächlich betrachtet – sehen lassen: Bis Ende 2007 sank der Schwefeldioxid-Ausstoß in den USA um 43 Prozent. In der EU im selben Zeitraum durch klare politische und rechtliche Vorgaben allerdings um 71 Prozent!

Dennoch preschte die US-Regierung 1996 bei den Klimaschutzverhandlungen mit der Forderung nach einer »flexiblen Lösung des Emissionshandels« vor. Diese sei »die entscheidende Vorbedingung für die Vereinbarung verbindlicher Ziele«.[60] Da die Weltklimaverhandlungen nach dem Prinzip des kleinsten gemeinsamen Nenners funktionieren (oder eben nicht funktionieren), konzentrierten sich die Verhandlungen ab diesem Moment auf diese ultimative Forderung der USA.

Und sie setzten ihre Position durch: Mit dem bisher einzigen Abschluss eines Klimavertrages im japanischen Kyoto wurde 1997 der Emissionshandel als zentrales Instrument des weltweiten Klimaschutzes verankert. Michael Zammit Cutajar, der ehemalige Generalsekretär der UN-Klima-Rahmenkonvention, kommentierte das Ergebnis im Jahr 2004 mit sehr offenen Worten: »Die im Kyoto-Protokoll festgelegten Verfahren darf man ohne Übertreibung als ›made in USA‹ bezeichnen (...). Dass dieses Protokoll so marktorientiert formuliert wurde, war weitgehend auf die Verhandlungsmacht der USA zurückzuführen.«

Und so sollte der Handel mit den »Verschmutzungsrechten« funktionieren: Wenn ein Unternehmen Kohlendioxid in die Atmosphäre ausstößt, muss es das Recht dazu besitzen. Diese »Emissionsrechte« werden in Form von Zertifikaten verteilt – für jede Tonne erlaubtes

Kohlendioxid gibt es ein Zertifikat. Für die Menge der Zertifikate gibt es Obergrenzen, die allmählich gesenkt werden. Unternehmen können wählen: zwischen Emissionseinsparung durch mehr Energieeffizienz oder die Umstellung auf erneuerbare Energieträger auf der einen und der Möglichkeit, Emissionsrechte zu kaufen und weiterzumachen wie bisher, auf der anderen Seite. Wer besonders effizient produziert, darf seine Einsparungen als Verschmutzungsrechte an andere Unternehmen verkaufen. Auch überregional und branchenübergreifend. »Cap and Trade«, begrenzen und handeln, lautete der gängige Begriff dafür.

Die EU beschloss im Oktober 2003 die »Europäische Richtlinie über den Emissionshandel« und setzte ab Jahresbeginn 2005 dieses Prinzip um. Die USA allerdings, Erfinder und Durchsetzer des neoliberalen Instrumentes, scherten aus. Der damals amtierende US-Präsident George W. Bush verweigerte die Ratifizierung des Kyoto-Protokolls und die Umsetzung des von den USA selbst erfundenen Emissionshandels. Doppelt kontraproduktiv: Der Klimaschutz wurde zum Bummelzug degradiert und sogar aus diesem stiegen die USA sogleich wieder aus. Das Ziel der großen fossilen Energiemultis wurde somit konsequent verwirklicht, die US-Regierung, gesponsert von den Öllobbys, hatte gute Arbeit geleistet: Kyoto und seine Instrumente führten zu keinen einschneidenden Maßnahmen und blieben weitgehend wirkungslos.

Der Emissionshandel führte den Klimaschutz in eine Sackgasse. Eine Analyse der schweren Fehler des Systems ist in der eindrucksvollen Studie »Globaler Emissionshandel. Wie Luftverschmutzer belohnt werden«[61] von der schwedischen »Dag Hammarskjöld Foundation« nachzulesen. Der Umweltjurist und Experte für Klimafragen Michael Wara von der Stanford University bilanziert die Auswirkungen des branchen- und nationenübergreifenden Emissionshandels mit großer Ernüchterung: »Die umweltbelastenden Industriebranchen Europas kaufen so viele Zertifikate von Ausgleichprojekten außerhalb des EU-Handelsblocks, dass 2008 tatsächlich etwa 1 Prozent mehr Emissionen anfielen als 1990.«[62]

Kritik übt im Jahr 2009 auch Jos Delbeke, als stellvertretender Leiter der Generaldirektion Umwelt der Europäischen Kommission für die Umsetzung des europäischen Emissionshandels (ETS) mitverantwortlich: »Wir sind nach dem Prinzip vorgegangen, die kostenlosen Zertifikate entsprechend den bereits erfolgten Emissionen zu vergeben. Das hatte den Nachteil, dass die weniger effizienten Anlagen im Vorteil waren.«[63]

Die schlimmsten CO_2-Schleudern waren also bevorzugt worden. Der Umweltausschuss des britischen Parlaments bestätigt dies in seinem Anhörungsbericht im Oktober 2007: »Die Gutachter sind mehrheitlich der Ansicht, dass in Phase eins des Emissionshandels zu viele CO_2-Zertifikate ausgegeben wurden. Damit ergibt sich wenig oder kein Anreiz für die Unternehmen, die Emissionen zu senken. Die erste Phase muss also als insgesamt wenig wirksamer Beitrag zur Emissionsreduzierung gesehen werden.«[64]

In der derzeitigen Phase zwei, die von 2008 bis 2012 dauert, stoßen etliche neue Branchen und fünf neue Länder zum ETS. Verbesserte Emissionsstatistiken führten dazu, dass einige Umgehungstricks von Großemittenten nicht mehr funktionieren. Aber nach wie vor haben etliche Nationalstaaten das Ziel, Emissionsgrenzen möglichst gering zu veranschlagen. Eine der Folgen: Extraprofite der Energieunternehmen in Phase zwei, die sich auf insgesamt 23 bis 71 Milliarden Euro belaufen, wie die Marktanalysten »Point Carbon« im Auftrag des »World Wildlife Fund« (WWF) berechneten.[65]

Hintergrund dieser Prognose ist, dass hohe Emissionsfrachten als Normalfall bewertet wurden und zum Beispiel deutsche Stromversorger 68 Prozent ihrer benötigten Emissionsmengen frei zugeteilt erhielten. Europäische Stromversorger haben in der ersten Handelsperiode bereits kostenfrei zugeteilte Emissionszertifikate in Milliardenhöhe an ihre Großkunden weitergereicht. Dies setzt sich in der zweiten Handelsperiode fort. Statt Strukturwandel wurde dadurch vielfach die bestehende Energieerzeugung mit klimaschädigender Kohle erhalten. Der europäische Emissionshandel bewirkte also in diesen Fällen nicht, dass die Kohle durch höhere Emissionskosten aus dem Wettbewerb ausscheidet, sondern unterstützte die Erhaltung dieses Klimakillers.

Die weltweite Wirtschaftskrise brachte das fehlerhafte System 2009 in weitere Schwierigkeiten: Die Erwartung, dass die Zahl der vergebenen Zertifikate durch die Wirtschaftskrise dramatisch über dem Bedarf liegen würde, löste einen Preisverfall aus. Der Kurs der Zertifikate sank vom Sommer 2008 bis zum Jahresbeginn 2009 von 31 auf acht Euro.

Während also der Klimaschutz kaum vom System des Handels mit Verschmutzung profitierte, gibt es dennoch wesentliche Gewinner: den Stahlkonzern »Arcelor Mittal« zum Beispiel. Eine Studie der Gruppe »Corporate Europe Observatory« geht davon aus, dass der Stahlgigant durch den EU-Emissionshandels von 2005 bis 2008 mehr als zwei Milliarden Euro Gewinn machte – ohne die eigenen Emissionen signifikant gesenkt zu haben.

Ein Beispiel für die Auswirkungen der flexiblen Mechanismen im Rahmen des ETS präsentierte der im Oktober 2010 verstorbene Energieexperte Hermann Scheer in seinem Buch »Der Energethische Imperativ«: »In China beteiligt sich der Energiekonzern RWE am Bau eines Kohlekraftwerks, das jährlich 460.000 Tonnen CO_2 einsparen soll. Diese Einsparungen kann er sich beim Bau von Kohlekraftwerken in Deutschland anrechnen lassen, also die entsprechende Menge zusätzlich emittieren. Das Problem ist nur, dass das chinesische Kraftwerk ohnehin gebaut worden wäre«, so Scheer.

RWE habe also einerseits seine auf deutsche Kraftwerke bezogenen Verpflichtungen reduziert und gleichzeitig seinen unternehmerischen Wirkungsbereich auf China ausdehnen können, wodurch insgesamt zusätzliche Treibhausgase emittiert werden, so Scheers Kritik: »Das heißt: Eine Verbesserung der deutschen CO_2-Bilanz durch weltweiten CO_2-Anstieg! RWE beschäftigt allein für die Zertifikatsbeschaffung etwa 40 Mitarbeiter. Dieses Beispiel ist sicher nicht das einzige, und ebenso sicher ist, dass andere Konzerne ähnlich handeln.«

Ein weiteres Beispiel ist der durch Mittel des CDM-Mechanismus

(»Clean Development Mechanism«) finanzierte Ausstieg aus der Produktion des Kältemittels HFC 23, eines besonders aggressiven Treibhausgases. Da die positiven Klimaeffekte dieses Ausstiegs besonders hoch sind, die Ausstiegskosten jedoch real sehr gering, konnten die Produzenten bis zu 78 Mal mehr Einnahmen als Kosten verrechnen. Denn Trifluormethan ist 11.700-fach klimaschädigender als CO_2. Für die Zerstörung einer Tonne HFC gibt es daher vergleichsweise sehr viele Zertifikate – konkret mit einem Marktpreis von mindestens 120.000 Euro. Die Kosten für die Entsorgung liegen hingegen bei rund 2000 Euro die Tonne. Diese Margen beim Geschäft mit der Umweltverschmutzung machten viele schwach: Offensichtlich wurde in großen Mengen gezielt HFC nur deshalb produziert, um dafür bezahlt zu bekommen, es wieder zu beseitigen. Die indische »Fluorchemical Ltd.« in Gujarat berichtete 2007 von einem zusätzlichen Erlös von 66 Millionen Euro aus dem Verkauf der Emissionsrechte aus ihrem HFC-Projekt. Am anderen Ende des Deals sitzen vor allem deutsche Großkonzerne. Die für Klima zuständige EU-Kommissarin Connie Heedegard hat reagiert – ab Mai 2013 wird das HFC-Geschäft gestoppt. Doch es sind viele solcher Systemfehler, die das Emissionshandelssystem als solches zu einem irreparablen Totalschaden gemacht haben.

Für den Zeitraum von 2013 bis 2020 ist Phase drei geplant. Anstelle der nationalen Zuweisungen treten ein europaweites Vergabesystem und eine strikte Obergrenze der Ausgleichszertifikate in Kraft. Aber viele Schlupflöcher werden nicht geschlossen: So können gehortete Zertifikate aus Phase zwei weiterverwendet werden. Die britische Klimaschutzorganisation »Sandbag« geht davon aus, dass 700 Millionen CO_2-Zertifikate angespart wurden. Damit werden fast 40 Prozent der Anforderungen der dritten Phase durch den Überschuss der zweiten Phase erfüllt werden können.[66] Tritt diese Prognose ein, dann würde der Emissionshandel auch in den kommenden Jahren kaum Emissionsverringerung bewirken. Auch viele Industriekonzerne beklagen das System des Emissionshandels: Durch die unkalkulierbaren Preisentwicklungen für die Zertifikate und die großen Spekulationsmöglichkeiten ist das Prinzip des Emissionshandels für die Verursacher nicht berechenbar und planbar. Eine Schadstoffsteuer hingegen könnte genau das erfüllen: Transparenz, Planbarkeit, vergleichsweise minimalen Verwaltungsaufwand, klaren Steuerungseffekt.

Doch all den offensichtlichen Mängeln zum Trotz klammern sich die Verantwortlichen immer mehr an das gescheiterte System und verteidigen es. Große Verwaltungskörper sind entstanden, die sich selbst rechtfertigen. Und neue Profiteure betreten die Bühne: Mit der dritten Phase des Handelssystems werden die Versteigerungen der »Verschmutzungsrechte« Geld in die maroden Staatskassen spülen und Missbrauch Tür und Tor öffnen. Denn es existiert lediglich eine *Empfehlung* der EU-Kommission, dass zumindest 50 Prozent der Einnahmen aus dem Verkauf der CO_2-Zertifikate für den Klimaschutz reserviert werden.

Die nötige Kehrtwende: Alleingänge und konkrete gemeinsame Maßnahmen zum Beschleunigen der Energierevolution

Das Ziel der seit 15 Jahren im Jahresabstand tagenden UN-Weltklimakonferenzen, einen für alle Staaten der Welt geltenden Vertrag mit verbindlichen Reduktionszielen für jeden einzelnen Staat zu schaffen, war ein wunderbares und richtiges Ziel – erst wenn alle unterschreiben, sich zu ihren individuellen Reduktionen bekennen, diese als verbindlich erklären und Kontrolle zulassen, gilt der Vertrag. Kopenhagen und Cancun haben uns jedoch das Scheitern dieses Zieles dramatisch vor Augen geführt. Dieser Zwang zum Gleichklang bringt organisierten Minimalismus und führt durch das Ringen um den kleinsten gemeinsamen Nenner zur Stagnation. Das gibt dem größten Bremser die größte Macht im Verhandlungsprozess und führt dadurch zu Minimalergebnissen.

Dieses gescheiterte Grundprinzip der Weltklimakonferenzen und das falsche Instrument des Emissionshandels verwandeln die Klima-schutzanstrengungen in einen Bummelzug. Es kam also zu einem doppelten Bremseffekt. Mit beiden Fehlentwicklungen wurden enor-me Mengen politischer Energie gebunden. Das ist nicht nur höchst ineffizient, das verhindert eine echte Klimawende auf absehbare Zeit.

Angesichts des Zeitdrucks – eine echte Trendwende hin zu glo-bal sinkenden CO_2-Emissionen muss in diesem Jahrzehnt gelingen – wäre ein Beibehalten dieser Doppelmühle verheerend. Es müssen daher die politischen Strategien radikal verändert werden. Nicht die Langsamsten, die Bremser, die Minimalkompromisse dürfen in Zukunft den Kurs bestimmen, sondern die Vorreiter für die Ener-gierevolution. Nur dann haben wir eine Chance. Wir brauchen neue Lösungen und mehr Tempo, *wir brauchen eine positive Wirtschaftsdy-namik, die den Klimaschutz vorantreibt*, konkrete Maßnahmen zum Auslösen und Beschleunigen der weltweiten Energierevolution, Be-lohnung der Mutigen, mehr Macht für jene, die vorpreschen. In der Geschichte der Energie- und Umweltbewegung *haben immer wieder Alleingänge die wesentlichen Fortschritte gebracht*:

- Österreichs »Nein« zur Inbetriebnahme seines ersten Atomre-aktors hat die Republik dazu gezwungen, die Stromversorgung ohne Atomenergie abzusichern. So wurde Österreich zum Mo-dellland für Atomgegner in ganz Europa und hat bewiesen: Ja, es geht ohne Atomstrom! Etliche Staaten sind diesem Beispiel gefolgt.
- Das Beispiel des Landes Oberösterreich zeigt, dass eine Rolle als Vorreiter wirtschaftlich belohnt wird. Weil Oberösterreich vergleichsweise schnell in die Energieumstellung eingestiegen ist, sind seine Betriebe in wichtigen Bereichen Technologie-führer. Das bringt großen wirtschaftlichen Erfolg im Export. Viele Regionen sehen den Vorteil dieser Vorgangsweise und agieren nun ähnlich!
- Das deutsche erneuerbare-Energien-Gesetz (EEG) ist ein tol-les Beispiel des Erfolgs von Vorreitern: Durch die planbare und

berechenbare Förderung erneuerbaren Stroms konnte erreicht werden, dass Zehntausende Megawatt von Fotovoltaik und Windenergie, eine enorme Verringerung der CO_2-Emissionen und bisher weit über 200.000 neue Arbeitsplätze geschaffen wurden. Die Leistung von Großkraftwerken wird durch ein engagiertes Fördermodell durch Hunderttausende dezentrale Kleinanlagen erzielt. Dieses Vorreitermodell wurde mittlerweile von 50 Staaten dieser Welt übernommen. Damit hat das EEG mehr erreicht als der gesamte Emissionshandel. Ein mutiger, kreativer Alleingang hat den Kurs bestimmt und hohes Tempo in den Klimaschutz und die weltweite Energierevolution gebracht. So muss es und so kann es funktionieren! Alle Macht den Vorreitern!

9. WARUM DIE NÄCHSTE WELTKLIMAKONFERENZ UND DER ERDGIPFEL VON RIO ERFOLGE WERDEN

Hier erfahren wir, wie eine neue Strategie den Klimaschutz durch die Umsetzung der Energierevolution doch noch auf die Überholspur bringen kann. Klimaschutz ist keine Last, sondern eine riesige Chance: Er schafft Unabhängigkeit, konstante Energiepreise, eine Stabilisierung der Weltwirtschaft und das größte Jobwunder seit Jahrzehnten. Die nächsten Jahre werden darüber entscheiden, ob wir ein solares Zeitalter und die Begrenzung der Klimakrise erreichen.

»First they ignore you, then they laugh at you, then they fight you, then you win.«
Mahatma Gandhi

Machen wir es den Blockierern nicht mehr so einfach!

Cancun und Kopenhagen haben eindrucksvoll bewiesen, dass Klimaschutz so nicht funktioniert. Das Ziel verbindlicher individueller Reduktionsziele für jeden einzelnen Staat als Voraussetzung für den Abschluss eines Vertrages hat den Bremsern Macht gegeben. Behält man diesen Kurs bei, wird Klimaschutz weiter als Belastung und Wirtschaftsbedrohung gesehen, und bleibt es beim Emissionshandel als zentralem Instrument, dann folgen in den kommenden Jahren noch mehr Enttäuschung, Erfolglosigkeit und Entmutigung. Wir würden zu viel Zeit verlieren, um die in diesem Jahrzehnt notwendige Trendwende rechtzeitig zu schaffen. Gewinner der Weltklimaverhandlungen war bisher nur eine Gruppe: jene Besitzstandswahrer, die ihre Milliardengewinne aus der Verbrennung fossiler Energieträger erhalten und ihr Tun ungestört fortsetzen wollen. Wer aber sind die Blockierer, mit welchen Tricks arbeiten sie und was macht sie stark?

Die sechs Gesichter der Blockade

Macht der Energiemonopole. Die Diskussion über die Laufzeitverlängerung der deutschen Atomkraftwerke war ein eindrucksvolles Beispiel ihrer Macht: Vier Stromkonzerne schaffen es, eine deutsche Bundesregierung gänzlich in ihren Bann zu ziehen. Sicherheitsinteressen werden hintangestellt, das ganze Land wird gespalten. Dies geschieht einzig, damit diese Stromkonzerne ihre Gewinne ausbauen können: 20 bis 50 Milliarden Euro plus dank der Laufzeitverlängerung. Die Besitzstandswahrer haben aber auch großes Interesse daran, nicht nur mit Atomenergie, sondern auch mit den fossilen Energieträgern weiter ungestört im Geschäft zu bleiben. Sie sind vielfach in den gesamten Kreislauf fossiler Energiewirtschaft verstrickt – über Beteiligungen beim Kohlebergbau, Pipelines, im Energiehandel. Sie repräsentieren die alte Energiestruktur: Ihre Macht beruht darauf, dass bei fossiler Energieerzeugung und Atomenergie die Förderung von Rohstoffen räumlich von ihrer Nutzung entkoppelt ist, nur in großindustriellen Strukturen produziert werden kann und dadurch Monopole entstanden sind. Mit dezentral erzeugten erneuerbaren Energieträgern, Energieeffizienz und Energiesparen ist es unmöglich, ein solches Monopol zu erhalten.

Macht der Beraterverträge. Das Naheverhältnis von Teilen der Politik und Energiemonopolisten ist vielfältig und eng – von Fällen von Parteienfinanzierung bis zur Pensionsabsicherung. Ob Deutschland, Großbritannien oder USA: Viele Politiker erhalten nach ihrem Ausscheiden aus den Ämtern hoch dotierte Beraterverträge bei Energie-Großkonzernen. Ist es im Hinterkopf oder bewusst? So oder so: Diese Option prägt; oder wer verbaut sich schon gern die Brücke in eine vergoldete Zukunft? In Österreich war sogar lange Zeit hindurch ein Mitarbeiter des staatlichen Mineralölkonzerns Energiesprecher einer Regierungspartei.

Macht der Unwissenheit und der Unfähigkeit zur Gestaltung. Viele der politisch Verantwortlichen haben von erneuerbaren Energieträgern und Energieeffizienz keine Ahnung. Ein Beispiel ist jener ehemalige österreichische Bundeskanzler, der nach einem Betriebsbesuch bei einem großen Unternehmen der Solarbranche anerkennend auf Fotovoltaikmodule zeigte und meinte: »Und wo kommt hier genau das Warmwasser raus?« Und so werden von vielen Entscheidungsträgern die Potenziale der erneuerbaren Energie und der Energieeffizienz, die Chancen eines radikalen Umstiegs und die Notwendigkeit einer raschen Klimawende völlig verkannt. Europas Energiekonzerne sind vielfach außer Kontrolle der Politik. Kommt es einmal erfolgreich zur politischen Gestaltung, die die Monopole gefährdet – wie dies durch das deutsche erneuerbare-Energien-Gesetz geschieht –, wird mit aller Macht an der Korrektur der Panne gearbeitet. Meist verdeckt. Zum Beispiel durch die Forderung nach der europaweiten Harmonisierung der Ökostromförderung, dem Versuch, außerordentlich erfolgreiche Förderprogramme zu stoppen. Die Folge wäre: weniger Solarstrom von den Dächern und mehr von Zentralprojekten. Die Monopole wären gerettet, die Macht zementiert.

Macht der Käuflichkeit. »Greenpeace« konnte in den USA aufdecken, dass ein Großkonzern (»Koch Industries«) einen Teil seiner enormen Gewinne aus Geschäften mit fossilen Ressourcen in die Finanzierung von Klimaskeptikern investierte.[67] Zwischen 2005 und 2008 flossen demnach 24,9 Millionen US-Dollar, insgesamt bislang sogar geschätzte 48 Millionen Dollar, von »Koch Industries« in die Anti-Klimaschutz-Lobby. Ähnlich der US-Ölmulti »Exxon«, der mehr als zwei Dutzend Denkfabriken und Lobbyvereine mit Millionenbeträgen unterhält.[68] Ein drittes Beispiel: Im Herbst 2010 wurde bekannt, dass der Mineralölkonzern »BP« mit Millionenbeträgen Kandidaten der Republikaner für die Kongress- und Senatswahlen unterstützte, die sich offensiv gegen eine aktive Klimaschutzpolitik der USA einsetzen. Dazu die Kampagnen der US-Neocons, für die Klimaschutz und Energiewende liberale wirtschaftliche Pestsäulen darstellen. Und wer sind die Großinserenten in den Medien, wer die Parteienspender? Die Antwort darauf wird – zumindest was die Großinserate betrifft – tagtäglich veröffentlicht.

Macht der Manipulation der öffentlichen Meinung. Die Blockierer setzen auf eine massive Beeinflussung der öffentlichen Meinung in vier Richtungen: 1. Eine Energiewende sei zwar richtig, aber sie dürfe nicht zu schnell umgesetzt werden, damit sie wirtschaftlich nicht bedrohlich werde. Das bringt Zeit und Verlängerung der Gewinne. 2. Klimaschutz sei eine enorme Belastung und sehr schwierig. Eine Energiewende sei viel zu teuer und müsse deshalb vorsichtig und später und in kleinen Schritten verwirklicht werden. Damit behalten die Besitzstandswahrer das Gesetz des Handelns und gewinnen viel Zeit. 3. Eine Energiewende sei vielleicht so schnell gar nicht notwendig, weil die Klimaveränderung gar nicht vollständig bewiesen sei.

Warten wir doch die endgültigen Erkenntnisse der Wissenschaft ab! Das schafft Verunsicherung und Unterstützung für den Aufschub. 4. Eine Energiewende sei langfristig erforderlich, wir, die Besitzstandswahrer, werden sie schrittweise auch umsetzen. Aber alles zu seiner Zeit und in verträglichen Portionen. Alles unter Kontrolle.

Macht der Tarnung und Täuschung. Auch wenn sie die Energierevolution nicht aufhalten können, die potenziellen Verlierer setzen auf Zeitverzögerung, Ablenkung und das Vorspiegeln falscher Tatsachen. So wird gerade von den betroffenen Großkonzernen und diesen nahestehenden Regierungspolitikern in Deutschland, Frankreich, Großbritannien »Atomenergie als Brückentechnologie hin zur Umstellung auf erneuerbare Energieträger« beworben. Es ist ein Schwindel, denn die Milliarden, die in die Laufzeitverlängerungen investiert werden, blockieren den Umstieg zu grünen Technologien, Atomstrom verstopft die Leitungsnetze. Ein Ablenkungsmanöver sind auch großtechnologische Lösungen wie CCS-Kraftwerke (CO_2-Strukturen). Sie verfolgen nur ein Ziel: Milliarden in die eigenen Strukturen zu binden, die der Umsetzung der Energierevolution fehlen. Und nützt alles nichts, geht's mit voller Kraft ins »Greenwashing«. Noch allen in Erinnerung ist die PR-Linie »Beyond Petroleum« von »BP«. Für Beachtung sorgte auch folgender Werbefilm: Gezeigt wird ein grasgrüner sympathischer Riese. Er streift durch sonnige Täler, pflanzt kleine Windräder, rollt grünen Rasen aus und pustet graue Wolken weg. Hinter diesem grünen Energieriesen stand eine Werbekampagne des deutschen Energiekonzerns »RWE«. Mit der Realität hatte dies nichts zu tun: Der Anteil erneuerbarer Energie an der Stromproduktion von RWE liegt im kleinen einstelligen Bereich.

Die Existenz und das Handeln dieser Bremser und Blockierer müssen transparent werden. Das ist ein erster Schritt. Vor allem aber muss der Klimaschutz aus seinem negativen Image heraus – Vorreiter und Pioniere müssen profitieren, Klimaschutz zu einem positiven Ziel für alle werden. Begrenzungen, Ängste und Verbote werden meist von den Herzen der Betroffenen nicht getragen. *Nicht weniger, sondern mehr muss das Ziel des Klimaschutzes in Zukunft sein. Mehr Energieeffizienz und mehr erneuerbare Energie. Dadurch mehr Arbeitsplätze, mehr Wohlstand und mehr Lebensqualität. Hoffnung motiviert und schafft Energie.* Positive Ziele, die wirtschaftlichen Erfolg und die Chance für eine breite gesellschaftliche Allianz von Umweltbewegung, Gewerkschaften und Wirtschaftslobby sowie mehr Macht durch das Schaffen von neuen großen Märkten und den damit verbundenen Lobbys bringen. Glückt die Umstellung auf Energieeffizienz, Energiesparen und erneuerbare Energieträger, dann folgt eine drastische Verringerung der Treibhausgas-Emissionen. Dann sind minus 80 Prozent bis 2050 zu schaffen. Indem wir Energien erneuerbar erzeugen und effizient verwenden. Daher muss die nächste Weltklimakonferenz die Weichen für Energierevolution und »Green Economy« stellen und damit eine neue positive Dynamik für den Klimaschutz eröffnen. Eine Mischung aus neuen Anreizen, einer klaren Bevorzugung von Effizienz und erneuerbaren Energieträgern, einem finanziellen Umsteuern und einer berechenbaren und planbaren Investitionsoffensive muss in einem »grünen Korridor« festgeschrieben werden. Die Staatengemeinschaft muss sich zu konkreten positiven Maßnahmen und nicht mehr nur auf Ziele verständigen und verpflichten. Der Erdgipfel von Rio im Mai 2012 kann und muss dafür die entscheidende Initiative bilden und Einverständnis schaffen. 20 Jahre nach dem ersten Erdgipfel von Rio müssen neue Strategien echten Erfolg bringen. 1992 brachte die weltweite Mobilisierung, 2012 muss eine Erfolgsstrategie durchgesetzt werden.

Der »grüne Korridor« zur Durchsetzung und Beschleunigung der Energierevolution

Förderung von Pionieren statt alle Macht den Bremsern. Die nächste Weltklimakonferenz einigt sich auf ein Maßnahmenpaket, das Vorreiter für den Klimaschutz belohnt und die Weichen stellt für eine Beschleunigung der weltweiten Energierevolution. Mit dem Ziel von mehr Klimaschutz, mehr Stabilität für die Realwirtschaft, mehr Entwicklung und mehr Arbeitsplätzen.

Investitionen in die Energierevolution werden steuerfrei gestellt. Der eindeutige Vorrang für erneuerbare Energie und Energieeffizienz wird in allen Bereichen festgelegt. Investitionen in Energieeffizienz und erneuerbare Energieträger werden international steuerfrei gestellt. Durch das Maßnahmenpaket entstehen große Märkte, eine Eigendynamik und für die Vorreiter große Exportchancen. Wer nicht mitzieht und eine eigene »Green Economy« verweigert und schwächt, macht sich so selbst zum Verlierer. Die Interessen werden neu gebündelt, die Dynamik wird positiv.

Abbau von Subventionen für Öl, Kohle und Gas. Ein sukzessiver Abbau der Subventionen für fossile Energieträger binnen der folgenden fünf Jahre muss verbindlich verankert werden. Dies gibt der Energierevolution den entscheidenden Rückenwind. Laut der »Organisation für wirtschaftliche Zusammenarbeit und Entwicklung« (OECD) und der »Internationalen Energieagentur« (IEA) wurden fossile Energieträger 2008 mit 557 Milliarden US-Dollar subventioniert. *Das ist 13 Mal mehr als derzeit an direkter Förderung für erneuerbare Energieträger zur Verfügung steht.* Dazu zählen unter anderem: der »Kohlepfenning«, Steuererleichterungen für Flugbenzin, Direktsubventionen von Benzin, die Finanzierung von Infrastruktur für fossile Energieträger. Selbst die IEA fordert den Abbau dieser Subventionen, weil sie die größte Hürde hin zur Energieumstellung bedeuten. Laut Berechnungen der OECD *würde allein der Verzicht auf Subventionen für fossile Energieträger die weltweiten Treibhausgas-Emissionen mittelfristig um 10 Prozent reduzieren!*

Unter die Arme greift die öffentliche Hand derzeit auch der Atomenergie. Das »Forum Ökologisch-Soziale Marktwirtschaft« veröffentlichte Zahlen, denen zufolge eine Kilowattstunde Atomstrom in Deutschland mit 4,3 Cent subventioniert wird; deutlich stärker als Ökostrom. Seit 1950 sind 204 Milliarden Euro geflossen, dazu kommen Vergünstigungen in der Energiebesteuerung, durch Regelungen zur Entsorgungsrückstellung, sowie Zusatzeinnahmen durch den Emissionshandel. So wie die Subvention für fossile Energie wird auch jene der Atomenergie schrittweise beendet.

Kurskorrektur mit Schadstoffsteuer. Die nächste Weltklimakonferenz beschließt die weltweite Einführung einer sukzessiv steigenden Schadstoffsteuer für CO_2-Emissionen mit einer Mindesthöhe anstatt des Emissionshandels. Jeder Wirtschaftsraum beschließt selbst die konkrete Höhe. Es wird jedoch vereinbart, dass es legitim ist, mit Schutzzöllen starke Unterschiede der Höhe der Steuer zwischen den Wirtschaftsräumen auszugleichen. Vorbild dafür ist die CO_2-Steuer Schwedens, die sich bereits seit 1991 bewährt. Schweden startete mit einer geringen Besteuerung von 27 Euro pro Tonne, mit 2011 liegt die Besteuerung bei 108 Euro. Die Erhöhungsschritte wurden bereits 1991 mittelfristig festgeschrieben, die Kostenentwicklung also plan- und berechenbar, was eine »Umsteuerung« von fossilen zu erneuerbaren Energien erleichtert. Heute hält Schweden mit 39 Prozent Anteil erneuerbarer Energieträger am Gesamtenergieverbrauch den Weltrekord und emittiert mit 5,4 Tonnen pro Kopf deutlich weniger CO_2 als vergleichbare Industrieländer. Schweden nimmt durch diese Steuer derzeit 1,4 Milliarden Euro pro Jahr ein.

Zweckgebundene Investitionen. Bei der nächsten Weltklimakonferenz einigen sich die Staats- und Regierungschefs darauf, die Einnahmen aus der Schadstoffsteuer zweckgebunden zu verwenden: zur Hälfte zur Finanzierung der Investitionsprogramme in den Ausbau von Energieeffizienz und erneuerbare Energieträger, die andere Hälfte zur Bekämpfung von Energiearmut durch dezentrale erneuerbare Versorgungsstrukturen sowie für Anpassungsmaßnahmen an die Folgen des Klimawandels in ärmeren Ländern.

Vorrang für erneuerbare Energie. Die nächste Weltklimakonferenz erklärt, dass staatliche Investitionspolitik zur Umsetzung der Energierevolution ein wettbewerbskonformes und erwünschtes Instrument ist. Der bevorzugte Netzzugang für erneuerbare Energieträger wird generell festgelegt, Einspeisevergütungen für erneuerbare Energieträger nach dem Vorbild Deutschlands, die bereits mehr als 50 Länder übernommen haben, werden zum weltweiten Usus.

Kampf der Energiearmut. Der Kampf gegen Energiearmut durch dezentrale erneuerbare Energieträger ist ein weiterer zentraler Punkt der nächsten Weltklimakonferenzen. Rund 1,4 Milliarden Menschen haben einen mangelnden oder gar keinen Zugang zu Elektrizität. 85 Prozent von ihnen leben in ländlichen Regionen, die meisten in Afrika südlich der Sahara. Eine wesentliche Hauptursache für fehlende Entwicklungschancen. Die IEA geht von einem Investitionsbedarf von jährlich 36 Milliarden US-Dollar aus, um mit dem Einsatz von erneuerbaren Ressourcen Energiearmut zu bekämpfen. Dazu kommen 2,7 Milliarden Menschen, die ihren Energiebedarf durch ineffiziente Feuerstellen decken – vielfach führt dies zu Lungenkrebs. Mit einer Bekämpfung der Energiearmut durch dezentrale erneuerbare Energieträger wird Entwicklung gefördert und eine frühzeitige Umsetzung der erneuerbaren Energie garantiert.

Investitionen in erneuerbare Energie erleichtern. Die nächste Weltklimakonferenz einigt sich auf ein Bonusmodell für Vorreiter in Form eines weltweiten Nullzinsmodells für alle Investitionen in erneuerbare Energie und Effizienz. Angeboten wird dies von internationalen Finanzinstitutionen. Denn gerade die Investitionen in den Umbau stellen oft eine große Hürde dar. Zurückbezahlt wird mit den Mitteln, die zur Verfügung stehen, weil Energiekosten sinken. Ähnliche Modelle wurden zur Bekämpfung der Bankenkrise im Rahmen der Wirtschaftskrise umgesetzt. Ein Niedrigzinsmodell war auch das Erfolgsgeheimnis des Marshallplans zum Wiederaufbau Europas nach dem Zweiten Weltkrieg. Gelingt eine Einigung auf ein derartiges Bonusmodell, eine Prämie für die Vermeidung von Schäden, bei der Weltklimakonferenz, könnte ein G20-Gipfel für die verbindliche Umsetzung sorgen: vorrangig durch die Weltbank, die Europäische Bank für Wiederaufbau und Entwicklung (EBRD) sowie die Asiatische und Afrikanische Entwicklungsbank.

Internationale Agentur für Erneuerbare Energie wird neu gegründet, Bildungs- und Forschungsoffensive für grüne Jobs. Auch dies muss auf dem Programm der nächsten Weltklimakonferenz stehen: die Neugründung der Internationalen Agentur für erneuerbare Energie. Nach jahrelangen Bemühungen wurde im Januar 2009 die »IRENA« gegründet. Zwar hat die Agentur bereits 149 Mitgliedsstaaten, aber sie wurde zu keinem entscheidenden Faktor in der Umsetzung der Energierevolution. Gravierende Führungsprobleme, Kompetenzmangel und vor allem eine massive Unterdotierung sind schuld daran. So lag das Jahresbudget 2010 bei nur 13 Millionen US-Dollar, dies behinderte die Einstellung von qualifiziertem Personal und den Aufbau einer schlagkräftigen Organisation. Die europäische Atomagentur oder die Internationale Atomenergie-Organisation besitzen ein Vielfaches der Mittel und damit der Handlungsmöglichkeiten. Mit der Neugründung der IRENA muss für eine vergleichbare Finanzausstattung gesorgt werden und der Arbeitsbereich sich von den erneuerbaren Energieträgern auf die Energieeffizienz ausdehnen. IRENA wird unter anderem Trägerin einer internationalen Bildungs- und Forschungsoffensive zur Umsetzung von Energierevolution und grünen Jobs. Ein Teil davon ist der Impuls für eine internationale Universität für erneuerbare Energie und Energieeffizienz mit der Option eines Fernstudiums inklusive eines Post-Graduate-Teils zur Fortbildung bereits aktiver Ingenieure, Architekten und anderer Berufsgruppen im Bereich der weltweiten Energierevolution und die Einrichtung und Betreuung eines internationalen Fonds für Forschung und Entwicklung.

Weltweiter »Green New Deal« schafft Arbeitsplätze. Jährlich 1 Prozent des Bruttosozialproduktes der Industriestaaten und

Schwellenländer wird vorerst für ein Jahrzehnt zweckgebunden für ein weltweites Investitionsprogramm in die »Green Economy« mit dem Schwerpunkt Energiewende. Das schafft Millionen neuer Jobs und eine neue Stärkung der Realwirtschaft. Und vor allem: Es wird der entscheidende Nährboden für die Beschleunigung der Energierevolution und bremst die Klimakrise für unsere Kinder.

Klare und konkrete Maßnahmen für eine neue Dynamik für die »Green Economy« statt Zwang zum Minimalkompromiss. Das muss das neue Credo des Klimaschutzes werden. Das schafft Stabilität für die Realwirtschaft, einen wesentlichen neuen Konjunkturimpuls, Millionen neuer Arbeitsplätze und lässt die Klimaziele erreichen. Die neue Strategie ist durch und durch positiv, konkret und nicht abstrakt, sie belohnt die Vorreiter, anstatt sich weiter auf den kleinsten gemeinsamen Nenner zu reduzieren, sie schafft klare und faire Rahmenbedingungen und ermöglicht Flexibilität. Das Wichtigste aber: Sie schafft die Chance auf das größte Jobwunder seit Jahrzehnten. Die enormen Potenziale für den Arbeitsmarkt durch eine Energierevolution könnten mit dieser Weichenstellung weltweit ausgeschöpft werden. Klimaschutz durch die Energierevolution und die »Green Economy« – das ist kein Programm der Belastung und des Verzichts, das ist eine Chance für uns alle.

Die neue Strategie gibt den Bürgerinnen und Bürgern, die viel engagierter sind als weite Teile der Politik, die Möglichkeit, sich einzumischen, einen Beitrag zu liefern, von Konsumentinnen und Konsumenten zu Energieproduzenten zu werden. Denn längst ist eine neue Umweltbewegung für die Umsetzung der Energierevolution entstanden. Hunderttausende in Europa sind selbst aktiv geworden. Die neue Strategie für Klimaschutz durch die Energierevolution belohnt sie – und damit genau die Richtigen.

10. DAS GRÜNE LEBENS-GEFÜHL SCHAFFT DAS GRÜNE WIRTSCHAFTS-WUNDER

Hier erfahren wir von der Macht der neuen grünen Wirtschaft, die weit über die Energierevolution hinausgeht. Warum und wo die Märkte für umwelt- und sozialverträgliche Produkte wie Bio, Fairtrade, grüne Mode und regionale Lebensmittel immer stärker wachsen, wie dadurch Hunderttausende Jobs entstehen und wie sich daraus eine neue Wirtschaftsethik entwickeln kann.

»Eine neue Idee wird am Anfang belächelt, und wenn sie trotzdem sich durchzusetzen beginnt und das Belächeln sie nicht löschen kann, dann wird sie auf das Entschiedenste bekämpft – von denen, die sich davon bedroht fühlen. Wenn diese die Idee und ihre Durchsetzung jedoch nicht aufhalten können, waren in der Schlussphase, wenn sie sich durchgesetzt hat, alle immer schon von Anfang an dafür.«

Arthur Schopenhauer, zitiert von Hermann Scheer, in: Energiewende –
Aufgabe für Politik und Zivilgesellschaft, Wien 2010

8,7 Millionen grüne Jobs gibt es bereits in der Europäischen Union. Diese Zahl illustriert das enorme Potenzial des grünen Wirtschaftswunders. Das ist keine neue Nische, das ist die Chance auf eine zentrale, stabile Säule des Arbeitsmarktes und der Konjunktur. Die Nutzung erneuerbarer Energieträger, die Steigerung der Effizienz sind nur ein Teil des boomenden neuen Marktes, der aus einer Palette vieler grüner Branchen besteht. Dazu zählt ein spürbar wachsender Dienstleistungssektor, der vom Service für ökologische Heiz- und Warmwassersysteme bis hin zum prosperierenden Beruf des Fahrradtechnikers reicht, Fachleute, die unter anderem die Flotte von E-Bikes in Schuss halten.

Neue, blühende grüne Branchen allerorts: etwa Öko-Architektur und -Design, die Modebranche, umweltverträgliche Verpackungen, Öko-Tourismus, Naturkosmetik samt Vertrieb, Marketing sowie Einzelhandel der diversen Sparten. Es gehören aber auch Finanzdienstleistungen wie Ethik-Banken oder Ethik-Fonds mit ihrem Jahresumsatz von heute bereits über 32 Milliarden Euro allein in Deutschland dazu, die ihre Tätigkeit an Standards der Nachhaltigkeit ihrer Investitionen sowie an Menschenrechten orientieren; und natürlich fair gehandelte Produkte aus weniger entwickelten Ländern und vor allem Biolebensmittel; einer der größten Hoffnungsträger des grünen Wirtschaftswunders.

Biolandwirtschaft schützt Böden und das Trinkwasser, geht schonend mit Tieren um und hilft dem Klima, weil sie mehr als ein Drittel weniger CO_2-Ausstoß verursacht als konventionelle Formen der Bewirtschaftung. Dazu schafft Biolandwirtschaft rund ein Drittel mehr Arbeitsplätze pro Hof; allein in Deutschland sind derzeit 155.000 Menschen in der Branche beschäftigt.

Wie der Bio-Boom die Welt verändert

Deutschland, Januar 2011: »Biohennen können eben keine Sonderschichten schieben«, seufzt Margit Beck von der »Marktinfo Eier &

Geflügel«. Dabei könnten sie gerade jetzt gar nicht genug Eier legen. Die Konsumenten stürzen sich geradezu darauf. Der »Bundesverband Naturkost Naturwaren« berichtet von einem Umsatzplus von einem Drittel binnen weniger Wochen. Manche Supermärkte melden Engpässe. Auslöser des plötzlichen Ansturms auf Bioeier ist der sogenannte »Dioxin-Skandal«. In Futtermitteln für Hühner und auch in der Schweinemast wurden Spuren des Giftes jenseits der Grenzewerte gefunden, Hunderte Bauernhöfe in Deutschland gesperrt. Da biologisch geführte Betriebe an eigenen Futtermittelkreisläufen hängen, sind sie die Bastionen des Vertrauens.

Der florierende Bioboom wird von vielen Quellen gespeist. Der deutsche Dioxin-Skandal ist sicher nur eine davon, aber seine Folgen illustrieren, wie seit einem Jahrzehnt Woge für Woge des Konsums hin zu Öko-Produkten schwappt. *Die Serie von Lebensmittelskandalen, die von einem kranken System der Agrarindustrie verursacht werden, sind eine Triebfeder für die Wende hin zu »Bio«.*

In erster Linie greifen jene in den Bioregalen zu, die sichere Lebensmittel für sich und vor allem ihre Kinder kaufen wollen, doch schon an zweiter Stelle rangiert als Motiv, mit dem Einkaufswagen die Zukunft bestimmen zu wollen: hin zu einem grünen Lebensstil, zu einer grünen Wirtschaft. Grün zu leben und sich vor allem grün zu ernähren hat einen gigantischen Wachstumsmarkt geschaffen. Manon Haccius vom deutschen Marktführer »Alnatura«, der 48 Supermärkte besitzt, sieht noch keine Sättigungseffekte und glaubt an weiteres »ordentliches Wachstum«. *Die Sehnsucht der Verbraucher nach mehr Natürlichkeit, nach Regionalität und Ursprünglichkeit* sei nach wie vor ungebrochen.

In Deutschland stellte die ehemalige grüne Landwirtschaftsministerin Renate Künast die politischen Weichen für den Bioboom. Seit 2002 hat sich der Umsatz mehr als verdoppelt und ist mit zweistelligen Raten gewachsen. Einzig im Krisenjahr 2009 wurde Stagnation registriert, aber bereits 2010 kam die Branche wieder in Schwung und erzielte weltweit mit einem Plus von 5 Prozent 40 Milliarden Euro Umsatz. Die Öko-Anbauflächen wuchsen um 6,2 Prozent.[69] In

Deutschland war es ein Umsatzplus von 2 Prozent. Und dies nicht bloß, aber sicher auch wegen der Bioeier. Der Umsatz an Bioprodukten betrug in Deutschland 2010 rund 5,9 Milliarden Euro. Das macht ungefähr 3,4 Prozent des gesamten Lebensmittelumsatzes aus. Die Nachfrage nach Bioprodukten übersteigt in Deutschland massiv das Angebot, 22.200 Höfe erzeugen in Deutschland Biolebensmittel. Viel zu wenig. Daher steigen die Importe immer stärker an. Die Hauptursache: Politisch herrscht seit dem Regierungswechsel 2009 Gegenwind – immer mehr Unterstützungen der Biolandwirtschaft werden verringert oder ganz gestrichen, die Agrarindustrie hingegen gestärkt. Das wiederum führt zu immer mehr Massentierhaltung und zu immer neuen Lebensmittelskandalen – gerade in Deutschland. Rolle rückwärts, wie in der Energiepolitik.

Sieht man sich den Pro-Kopf-Verbrauch an, dann liegen die Deutschen mit 64 Euro im Jahr weltweit an vierter Stelle. Hier führt Dänemark mit 107 Euro vor Österreich, wo jährlich pro Kopf 89 Euro für Biolebensmittel ausgegeben werden.[70] Die Wirtschaftskrise hatte auch Österreichs Biosektor rasch verdaut: Im Vergleich zu den ersten vier Monaten des Vorjahres stiegen 2010 die Umsätze um fast ein Drittel auf 110 Millionen Euro.

Längst ist es kein urbaner Elitenkult mehr, »Bio« ist Allgemeingut geworden; auf allen Kontinenten der Erde. Mit einem globalen Jahresumsatz von 51 Milliarden US-Dollar im Jahr 2009 verdoppelte sich die Branche innerhalb von sieben Jahren. »Organic«, wie der Begriff im Englischen lautet, wurde auch zum Fundament des pulsierenden grünen Lebensgefühls in den USA: Zwischen 1990 und 2009 stiegen die Umsätze mit biologischen Lebensmitteln von einer Milliarde auf fast 25 Milliarden US-Dollar. Kaum zu fassen: Ausgerechnet das Land der endlosen Möglichkeiten des Junkfood überholte die EU und wurde zum größten Biomarkt der Welt.[71] Nach Jahrzehnten der immer stärkeren Großindustrialisierung der weltweiten Lebensmittelproduktion bringen Biolandwirtschaft und bewusster Konsum die Ernährung wieder hin zu Gesundheit, kleineren Strukturen in Erzeugung und Handel, Qualität und Regionalität, Klimaschutz und

Schutz der Böden und des Grundwassers. Und damit zu mehr Arbeitsplätzen, denn die Agrarindustrie hat die Zahl der Jobs immer mehr verringert. Heute arbeiten bereits 155.000 Menschen in der Biobranche. Immer mehr bewusste Konsumenten und immer mehr Biobauern schaffen einen Umschwung in einer der Kernbranchen des großindustrialisierten globalisierten Marktes.

»Jeder redete von meinem Garten. Die Resonanz ist kaum zu fassen«, so die begeisterte Reaktion der wohl bekanntesten Hobby-Biolandwirtin der USA: Michelle Obama. Kaum hatte die First Lady das Weiße Haus bezogen, wandelte sie im April 2009 ein Stück des grünen Rasens in einen Biogarten um. Damit erntete sie erst mal eine kräftige Ladung Kritik von Düngemittelherstellern, doch dann Applaus von vielen Amerikanern und schlussendlich 450 Kilo von 50 verschiedenen Biogemüse- und -obstsorten: Salat, Spinat, Karotten, Bohnen oder Rhabarber. »Mir geht es darum, einen nachhaltigen und gesunden Lebensstil zu propagieren«, so die Juristin, deren Ehemann, US-Präsident Barack Obama, nun dem Beispiel seiner klugen Frau folgt. Ab dem Frühjahr 2011 wird er auf dem Dach des Weißen Hauses eine Fotovoltaikanlage in Betrieb nehmen und ebenso wie die First Lady im Alltag den grünen Zeitgeist und die enormen Chancen dieses Trends unter Beweis stellen.

Logisch, dass mit dem Markt für Bioprodukte die Anbaufläche mitwächst. Weltweit werden derzeit 35 Millionen Hektar Land von 1,4 Millionen Bauern in 154 Ländern nach biologischen Grundsätzen bewirtschaftet. Zuletzt vergrößerte sich diese Fläche um etwa drei Millionen Hektar pro Jahr. An der Spitze der Bioflächen rangiert Ozeanien. In Australien und Neuseeland sowie in den umliegenden Inseln werden derzeit zwölf Millionen Hektar Land biologisch bewirtschaftet. Europa und Lateinamerika liegen mit knapp mehr als acht Millionen Hektar schon fast gleichauf. Die enorme Wachstumsquote Lateinamerikas ist Folge eines wahren Biobooms in Argentinien. Übrigens: Auch in China sind es bereits deutlich über eine Million Hektar. Und in Europa selbst liegt Spanien mit 1,3 Millionen Hektar vor Italien mit einer Million an der Spitze.

Österreich zählt zu jenen europäischen Ländern, in denen biologische Landwirtschaft am besten gedeiht: Fast ein Fünftel der Felder (16,9 Prozent) wird bereits entsprechend bewirtschaftet, das Land liegt somit – in Relation zur gesamten Agrarfläche – an dritter Stelle weltweit (hinter den Falklandinseln und Liechtenstein). Zahlenmäßig die meisten Biobauern gibt es mit 340.000 in Indien, danach folgen Uganda (180.000) und Mexiko (130.000).[72] Nach dem Krisenjahr 2009 boomt der Biomarkt weltweit – er hat sich seit 2003 auf über 50 Milliarden Dollar verdoppelt!

Die grüne Konsum-Revolution

Diese hohe Zahl von Biobetrieben in den weniger entwickelten Ländern hängt auch mit einem zweiten Trend zusammen, der längst eine große Schnittmenge mit dem Bioboom darstellt: fair gehandelte Produkte, deren Erzeuger gerecht entlohnt werden und zu einem überwiegenden Großteil auch nach ökologischen Standards produzieren. »Ethischer Konsum«, wie Fachleute es nennen, wächst sich derzeit zu einem großen Markt aus; mit zweistelligen Zuwächsen.

Weltweit stieg der Fairtrade-Umsatz von 1,6 Milliarden Euro im Jahr 2006 auf 3,4 Milliarden Euro im Jahr 2009, so die deutsche Organisation »TransFair«. Auch in Deutschland ist dieser Trend festzustellen. Hier lag der Umsatz aus fairen Produkten bei 264 Millionen Euro im Jahr 2009; mehr als das Doppelte im Vergleich zu 2006. Am häufigsten wurden fair gehandelter Kaffee, Fruchtsäfte und Blumen gekauft, aber es erobern auch neue Produkte die Märkte. 2009 wurden etwa 65 Millionen »faire« Rosen aus Kenia und Tansania verkauft. Mittlerweile werden 800 Fairtrade-Produkte angeboten.

Einen Boom erleben faire Produkte auch in Österreich: Laut Erhebung der Organisation »Fairtrade« wurden 2010 über 80 Millionen Euro umgesetzt; das ergibt ein Plus von 11 Prozent im Vergleich zum Vorjahr. Immer mehr Menschen in Entwicklungsregionen können

damit ohne Kinderarbeit zu fairen Preisen produzieren und in Kleinstrukturen wirtschaften.

Der Umsatz mit Produkten aus fairem Handel gedeiht auch in der
Schweiz. Wachstumstreiber sind hier besonders Textilien mit einer
markanten Umsatzsteigerung um über zwei Drittel. Dieser Trend
zeigt sich übrigens in ganz Europa: Biokleidung ist derzeit der Ren-
ner. Dies bestätigt sich in Oberösterreich, wo die jährliche Messe »fair
wear« in Linz mit jedem Jahr an Attraktivität und auch an Kreativität
gewinnt. »Wer heute aus guten Gründen Hybridautos fährt, Bioprodukte aus seiner Region verzehrt und lieber etwas mehr für seinen
Kaffee zahlt, von dessen moralischer Qualität er überzeugt ist, wird
wohl auch seine Garderobe nach ähnlichen Motiven wählen«, so die
Analyse des deutschen Kulturwissenschaftlers Nico Stehr, Autor des
2007 erschienenen Bestsellers »Die Moralisierung der Märkte«.

Auch die Konsumpsychologin Simonetta Carbonaro, die an der
schwedischen Universität Borås eine Professur für Humanitäres Marketing innehat, vermutet, dass grüne Mode die Menschen ebenso
anziehen wird wie derzeit Biolebensmittel: »Aus Konsumentensicht
haben die Mode- und die Lebensmittelindustrie viel miteinander zu
tun. Beide sind mit unserem Geist und unserem Bauch verknüpft,
beide spiegeln eine Weltanschauung auf dem Level der Massen.«

Kennzeichnung als Leitfaden für bewussten Konsum

Der Konsument, die Konsumentin – sie gestalten und sie verändern:
Die Möglichkeiten, per Einkaufswagen politisch abzustimmen, sind
enorm und werden immer stärker ausgeschöpft. Bio oder Chemie,
Massentierhaltung oder Kleinstrukturen, Ausbeutung oder fairer
Handel, Wasservergeudung oder grüne Mode, regionale oder weit
gereiste Produkte, Klimaschutz oder Massenproduktion, Ethik und
Verantwortung oder Desinteresse. Jeder Griff zum Produkt ist eine
Entscheidung für oder gegen Lebensqualität, für oder gegen Groß-
industrien, für oder gegen neue Strukturen. Politisch interessierte

Bürgerinnen und Bürger, die sich oft ohnmächtig fühlen, können so konkret gestalten und einen Beitrag zur richtigen, umwelt- und sozialverträglichen Wirtschaftsentwicklung liefern. Der Stuttgarter Soziologe Ortwin Renn ortet einen klaren Trend: »Es hat sich etwas geändert. Insbesondere rund um die Weltklimakonferenz in Kopenhagen und die starke öffentliche Debatte wurde dieser Trend hin zu einem nachhaltigen und grünen Lebensgefühl verstärkt.«[73] Diese neuen Unternehmerinnen und Unternehmer und die engagierten Konsumentinnen und Konsumenten haben gemeinsam enorme neue grüne Märkte geschaffen: weltweit fast vier Milliarden Euro Umsatz im fairen Handel, weltweit über 40 Milliarden für und mit Biolebensmitteln, Milliarden für grüne Mode, ethische Banken und grüne Architektur und die größten Summen für Energieeffizienz und erneuerbare Energieträger – diese wachsenden Märkte schaffen auch Macht. Eine Gegenmacht zur Fehlentwicklung in unserer Weltwirtschaft.

Der weitere Erfolg der grünen Konsumbranche steht und fällt aber mit dem Vertrauen in die Standards der Produkte und mit klaren Kennzeichnungen als verlässliche Wegweiser. Was bei »Fairtrade« und »Bio« meist schon recht gut funktioniert und durch klare Aufschriften auf den ersten Blick erkennbar ist, funktioniert noch nicht überall zufriedenstellend: Hunderte unterschiedliche Kennzeichnungen in Europa, teilweise schwer verständlich und kaum lesbar auf den Produkten. Und teilweise mit großen Lücken, was die Aussagekraft betrifft.

Einen wichtigen Leitfaden für bewussten Konsum und eine zentrale Verbesserung wird eine klare CO_2-Kennzeichnung bringen. Diese Darstellung des ökologischen Fußabdrucks von Produkten wäre problemlos umsetzbar, wie ein entsprechender Pilotversuch des britischen »Carbon Trust« belegt. An dieser Kennzeichnung, die alle Produktions- und Lagerungsstufen umfasst, beteiligen sich mittlerweile Unternehmen wie »PepsiCo«, »Heinz«, »Kellogg's«, »Coca-Cola«, »Cadbury« und die größte britische Supermarktkette »Tesco«. Auch der US-Einzelhandelsriese »Wal-Mart« reagiert auf den Druck seiner Kunden. Von Keksen bis zum TV-Gerät soll bald neben jedem Preisschild jeweils der CO_2-Verbrauch der Produktion und Lieferung ausgewiesen werden.

Diese Kennzeichnung hilft aber nicht nur beim Einkaufen, sondern würde die Marktchance für grüne Produkte stark verbessern. Caspar von Blomberg vom »Carbon Disclosure Project« (CDP), einer gemeinnützigen Organisation, die börsennotierte Unternehmen zur Veröffentlichung ihrer Ökobilanzen und zur Offenlegung ihrer Klimabilanz einlädt, hält dies für entscheidend: »Noch vor wenigen Jahren konnten CO_2-Daten eines Unternehmens und seiner einzelnen Produkte weder genau gemessen noch ausgewertet oder gemanagt werden. Heute ist Kohlendioxid längst mehr als nur ein Imagekiller für das Ansehen eines Betriebes. CO_2 lenkt Forschungsgelder um, verändert Handelsbeziehungen, zwingt zu Sparmaßnahmen. Heute wird CO_2 für Unternehmen zu einer Leitwährung und ist in vielen Konzernen eine feste Rechengröße.«[74]

Die CO_2-Kennzeichnung wird auch eine wichtige Unterstützung der Veränderung unserer Essgewohnheiten und des Trends zu immer mehr Fleisch als einem der großen Klimaprobleme: Ein Kilo Rindfleisch in Massentierhaltung zu produzieren, kostet 15.000 Liter Wasser und 300 Kilo Getreide, das oft um die halbe Welt transportiert werden muss. Die CO_2-Kennzeichnung wird uns nicht alle zu Vegetariern machen, aber mehr Bewusstsein fürs Essen schaffen.

Es ist nicht nur eine Bewegung des mündigen Konsums unter den Verbrauchern entstanden, sondern auch ein neuer Stil des Unternehmers, der Unternehmerin: ohne Obrigkeitshörigkeit, engagierte Bürger, die ihren Beruf als politische Kraft verstehen. Dies bewirkt eine neue Ethik, eine neue Verantwortung eines wachsenden Teils der Wirtschaft. Aber genügt das neue bewusste Konsumentenverhalten, genügt eine neue Unternehmergeneration? Kann diese neue Allianz den Kapitalismus begrünen?

Ich denke, sie kann und darf klare Gestaltung durch die Politik nicht ersetzen. Der positive grüne Konsum muss durch Unterstützung und klare Lenkung durch die Politik flankiert werden. Politik muss, statt nur Notstände zu verwalten, endlich wieder den Mut beweisen, gestalten zu wollen. Und darum geht es:

- Klare, international einheitliche und auf den ersten Blick erkennbare und **verständliche Kennzeichnungen**, die schonungslos von Behörden kontrolliert werden.

- **Grüner Einkauf der Verwaltung und der sogenannten öffentlichen Hand**: Mindestanteile von Bioanteilen in den Lebensmitteln, die in unseren Schulen, Kindergärten und Krankenhäusern verwendet werden, klare Bevorzugung von Ökotextilien bei Feuerwehren, den Sicherheitskräften und den Spitälern, Vorbildfunktion im öffentlichen Bau bei Energieversorgung und Energieeffizienz. Der öffentliche Einkauf muss »Öko« werden, das schafft gesicherte Märkte für umstellungsbereite Betriebe und bringt eine notwendige Vorbildfunktion der öffentlichen Hand.

- Einführung einer **Schadstoffsteuer auf CO$_2$**, damit der grüne Markt gestärkt und umweltverschmutzende Produkte belastet werden. Das macht umwelt- und sozialverträglichen Einkauf leistbarer für alle. **Umstellen der öffentlichen Subventionen** – schrittweise Streichung bei umweltschädigenden Produkten, schrittweise Umstellung der Agrarförderung auf »Bio«.

- Öffentliche Informationskampagnen als **Orientierungshilfe für bewussten Konsum**, mehr Ausbildung von Schülerinnen und Schülern im Konsumbereich.

- **Schädliche Produkte** durch Verbote aus dem Verkehr ziehen, ähnlich wie beim Verfehlen von Sicherheitsvorschriften, Verstärkung der unabhängigen Lebensmittelkontrolle, Veröffentlichung der Mängellisten mit vollen Produktnamen.

- **Volle Transparenz schaffen** – zum Beispiel bei Futtermitteln: Auf dem Futtermittelsack muss für den Landwirt und die Landwirtin klar und eindeutig der Inhalt, der Produzent und der Produktionsort lesbar sein. Volle Transparenz ist die beste Kontrolle.

11. DIE ÖKONOMIE DER HOFFNUNG

Im letzten Kapitel erfahren wir, dass die grüne Wirtschaft zum Ausgang einer neuen Ökonomie der Hoffnung und Verantwortung werden kann: statt Wirtschaftswachstum um jeden Preis mehr Lebensqualität für alle als Ziel des wirtschaftlichen Handelns. Wirtschaftliche Ethik und Verantwortung sind Kern einer neuen Ökonomie der Hoffnung.

»Der Wohlstand einer Nation kann nur schwerlich von der Höhe
des Volkseinkommens abgeleitet werden.«
Simon Smith Kuznets, Erfinder des Bruttosozialprodukts, 1934

»Wie haltet ihr das aus, untätig zu bleiben und die Politik für die Gesellschaft
anderen zu überlassen, von denen ihr den Eindruck habt,
dass sie nicht das Notwendige und Richtige tun?«
Hermann Scheer, Die Politiker, 2003

Rio de Janeiro, Juni 1992: Erdgipfel von Rio mit 17.000 Teilnehmerinnen und Teilnehmern, 178 Regierungsvertretern, 130 Staatsoberhäuptern, 500 Nichtregierungsorganisationen, 8500 Journalistinnen und Journalisten. Erstmals wird über Klimaschutz, den Erhalt der Wälder, den Kampf gegen Hunger und Armut, globale Gerechtigkeit vor und mit einer breiten Weltöffentlichkeit diskutiert. Die Elite von Wissenschaft und Politik bleibt nicht länger unter sich. Das zentrale Ergebnis ist die Agenda 21, ein 800-Seiten-Dokument als Leitfaden für eine bessere Welt. Aufbruchstimmung keimt auf. Und Hoffnung.

Rio de Janeiro, Mai 2012: Der nächste Erdgipfel in Brasiliens Metropole Rio wird eröffnet. Die Lebensthemen des Planeten, die ambitionierten Vorhaben der Konferenz von 1992 sind im Laufe der vergangenen 20 Jahre zwar zentrale politische Inhalte geworden, die Ziele sind aber nicht erreicht. Beim Waldschutz sind erste Fortschritte zu verzeichnen, aber die Zahl der Hungernden ist mit über einer Milliarde Menschen höher denn je. Die Klimakrise ist keine ferne Bedrohung, sondern Realität. Rio wird der neue große Anlauf für konkrete Regelungen, Rio wird die »Green Economy«, die grüne Wirtschaft, in den Mittelpunkt stellen. Gemeinsam mit der UN-Klimakonferenz im südafrikanischen Durban Ende 2011 bietet der Gipfel eine historische Chance für eine neue Strategie zur Begrenzung der Klimakrise durch die Umsetzung der Energierevolution.

Washington, D.C., 2009: Barack Obama, der neu gewählte US-Präsident, beginnt eines seiner zentralen Wahlversprechen in die Tat umzusetzen: den »Green New Deal«. 10 Prozent seines Konjunkturpakets von 788 Milliarden Dollar fließen als Investitionsspritze in den Ausbau grüner Energie. Der Anteil von erneuerbarer Energie soll innerhalb von drei Jahren verdoppelt werden. Insgesamt, so Obamas Vision, sollen während des nächsten Jahrzehnts 150 Milliarden in diese Branche investiert werden und fünf Millionen Jobs entstehen.

Obama baute auf die Zugkraft des legendären Begriffs »New

Deal«, geprägt von einem seiner Vorgänger, Franklin D. Roosevelt: so wie er von der Demokratischen Partei und am Zenit einer gravierenden Wirtschaftskrise ins höchste Amt der USA gewählt. »*Das Einzige, was wir fürchten müssen, ist die Furcht selbst.*« Mit diesen Worten leitete Präsident Roosevelt im März 1933 seine Inaugurationsrede ein, in der er sich und seine Landsleute auf den »New Deal« einschwor. 15 Millionen Arbeitslose wurden zu diesem Zeitpunkt in den USA gezählt, bitterste Armut grassierte.

Sein »New Deal« prägte über Jahrzehnte die Beziehung von Wirtschaft und Politik und bedeutete mehr als bloße Geldtransfers zur Ankurbelung der Konjunktur. Der Staat übernahm das Ruder und gab die Leitlinien vor; damals auch zur Regelung der Banken. Auch hier lässt sich eine Parallele zu Barack Obama ziehen und zu jenen führenden Politikern, die im Krisenjahr 2008 auf den »Green New Deal« zu setzen beginnen: Er ist auch ein Versuch, die Kräfte von der Finanzwelt zurück in die Realwirtschaft zu lenken, das Zepter des Handels zurückzuerobern.

Frankreichs Präsident Nicolas Sarkozy kündigte einen »Green New Deal« an, ebenso die deutsche Bundeskanzlerin Angela Merkel und der damalige britische Premier Gordon Brown. Staatliche Investitionen in erneuerbare Energie und Effizienzmaßnahmen in Form von Subventionen, Steuerbefreiungen, Nullzinskrediten oder direkten Transfers sollen einen Wachstumsschub dieser Branche initiieren, die dadurch zum Motor für Konjunktur und Arbeitsmarkt wird. Der Initiative lag ein Bericht des US-Ökonomen Edward Barbier zugrunde.[75] Mindestens 1 Prozent des Bruttosozialproduktes soll, so die Forderung von UN-Generalsekretär Ban Ki Moon an die Industrienationen, in grüne Wirtschaftszweige investiert werden.

Wie groß das Potenzial solcher Investitionen sein kann, errechnete das »World Ressources Institute«: Jede Milliarde US-Dollar, die in die Förderung von erneuerbaren Energieträgern fließt, schafft demnach 30.000 Arbeitsplätze. Dass es funktioniert, hat Südkorea bewiesen. Bereits im Januar 2009 kündigte Südkorea einen »Green New Deal«-Aktionsplan an: 36 Milliarden US-Dollar an Investitionen waren darin vorgesehen, die knapp eine Million neuer grüner Jobs schaffen sollten. Zusätzlich präsentierte Südkorea einen Fonds für erneuerbare Energien, der mit 72,2 Milliarden Dollar dotiert wurde und 3,5 Millionen grüner Jobs im direkten Bereich der Energiewende schaffen soll. Der Erfolg spricht für sich. Die Einsparung von Treibhausgas-Emissionen haben sich in Südkorea ebenso erfolgreich entwickelt wie die Zahl der neuen grünen Arbeitsplätze.

Nun geht es darum, dass alle Industrienationen ihren Worten Taten folgen lassen. Die G20-Staaten müssen sich in den nächsten Jahren zu einem Investitionsschwerpunkt in die Energieumstellung mit einem Prozent des Bruttoinlandsproduktes verpflichten. Die G20-Staaten sollten sich auf ein Nullzinsangebot ihrer Banken für Investitionen im Rahmen des »Green New Deal« einigen. Das wird der Energierevolution und dem mit ihr verbundenen Jobwunder Flügel verleihen.

Rio, Durban, die US-Präsidentschaftswahlen im Herbst 2012 und die Erarbeitung der »Energy Road Map 2050« der EU werden die Eckpfeiler der Entscheidung: Geht es weiter wie bisher oder werden die Weichen für eine vollständige Energiewende bis 2050 gestellt? Erstmals kann die Staatengemeinschaft bei einem weltweiten Projekt Gestaltungsfähigkeit beweisen, die Klimakrise erfolgreich begrenzen und ein riesiges Investitionsprogramm von jährlich 400 bis 500 Milliarden US-Dollar als Antwort auf die Wirtschaftskrise und zum Schaffen von Stabilität in die Realwirtschaft pumpen. Damit kann ein Projekt für Unabhängigkeit, Demokratie und Frieden umgesetzt und ein Jobwunder mit weltweit Millionen neuer Arbeitsplätze Wirklichkeit werden. *Eine gemeinsame Antwort auf Klimakrise, Wirtschaftskrise und Finanzkrise.*

Die aufstrebende Fotovoltaikwirtschaft ist ein Beispiel dafür, was möglich ist: Derzeit arbeiten rund 300.000 Menschen in diesem Bereich. Bei Umsetzung der vollständigen Wende auf erneuerbare Energie und Energieeffizienz kann Fotovoltaik zumindest 10 Prozent des weltweiten Stromverbrauchs abdecken. Bis 2020 werden allein dadurch und allein in diesem Zweig der »Green Economy« weltweit 1,3

Millionen Jobs, bis 2050 sogar fünf Millionen Arbeitsplätze entstehen. Allein in der EU im Bereich der Öko-Energie wird die vollständige Energiewende mehr als sechs Millionen Jobs schaffen.

Neue Sicherheit und Stabilität für die Realwirtschaft durch den bisher größten gemeinsamen Konjunkturimpuls, ein bisher einzigartiger gemeinsamer weltweiter Jobmotor – all das könnte möglich sein, wenn in den nächsten zwei bis drei Jahren die richtigen mutigen Entscheidungen getroffen werden. Klimaschutz darf nicht länger als unendliche und lähmende Belastung und Bürde verstanden werden, sondern als enorme ökonomische Chance für die Weltwirtschaft. Das ist der erste Schritt. Aber wir brauchen noch mehr, um das Ziel zu erreichen.

Ein neuer Kompass für die große Reise

Jeder Segelamateur, jeder Flugzeugpilot, jeder Bergsteiger weiß es: Ist der Kompass defekt oder stimmen die Koordinaten nicht, ist es riskant, sich auf den Weg zu machen, egal wie groß die Erfahrung oder wie perfekt die Performance ist. Anders in der heutigen Weltwirtschaft: Der Nebel ist dicht, der Kompass offensichtlich defekt, ob die Koordinaten des Kurses zu einem Ausweg aus der Krise führen, ist dazu völlig ungewiss. Trotzdem klammern sich die Kapitäne an das längst als defekt erkannte Leitsystem. »Jene, die heute versuchen, die Wirtschaft und unsere Gesellschaft zu führen, sind wie Piloten, die den Kurs ohne verlässlichen Kompass halten wollen«, kritisiert der Nobelpreisträger und Wirtschaftsprofessor Amartya Sen.[76] Der indische Wissenschaftler, der derzeit an der US-Eliteuni Harvard lehrt, ist der führende Experte in der Analyse von Ursachen für Armut und von möglichen Auswegen. 1990 war er einer der Erfinder des »Human Development Index« (HDI), dem Index zur Messung von Entwicklung, der anders als das Bruttoinlandsprodukt (BIP) nicht bloß den Reichtum eines Landes, sondern das tatsächliche Wohlergehen der Bevölkerung messen soll.

Seit seinen Studientagen beschäftigt Sen die Frage, welches Wachstum wirklich Fortschritt für die Menschen bringt. Sein Credo: Wer sich auf die bisherigen Koordinaten wie das BIP verlasse, verrechne sich. Ein steigendes BIP, bislang als Messlatte für Wohlstand anerkannt, sei noch lange nicht mit mehr Lebensqualität gleichzusetzen, so Sen: »Die Fixierung auf das BIP führt die Weltwirtschaft in die Irre, bringt sie auf Kurs in Richtung Wirtschaftswachstum ohne Wenn und Aber.«

Massenarbeitslosigkeit oder neues Wirtschaftswunder?

Die Politik hat das Steuer längst aus der Hand gegeben. Das BIP als Leitstern markiert nur scheinbar den Kurs zur Bewahrung unseres Wohlstandes, zur Überwindung der Krise. Dieses blinde Vertrauen ist eine Falle. Wenn das BIP wächst, bedeutet dies nur, dass der Umsatz einer Volkswirtschaft wächst. Fortschritt, Lebensqualität oder Nachhaltigkeit des Lebensstils sind ausgeblendet. Wie irreführend dies sein kann, zeigt sich etwa bei der Folge von Umweltkatastrophen. In Oberösterreich verursachte die Hochwasserkatastrophe des Jahres 2002 einen Schaden von 1,2 Milliarden Euro. Die darauf folgenden Aufbauarbeiten samt des Baues eines neuen Hochwasserschutzes in den damals betroffenen Gebieten, eine Investition von Hunderten Millionen Euro, ließen unsere Wirtschaft wachsen.

Je größer und zerstörerischer die Folgen der Klimakrise in Form extremer Naturkatastrophen sein werden, desto mehr wächst also das BIP. Je öfter Ölkatastrophen wie im Golf von Mexiko eintreten, desto besser für das BIP. Je höher die Reparaturkosten für milliardenteure Umweltschäden, desto kräftiger wird das BIP dynamisiert. So erklärt sich, warum uns dieser Leitindex geradezu notgedrungen in die falsche Richtung führt, zum Zwang zum Wachstum um jeden Preis.

Und es resultieren daraus auch falsche Antworten auf die Frage, wodurch die Wirtschaftsentwicklung derzeit am meisten bedroht wird. Ein Reduzieren auf die Betrachtungsweise des BIP würde die Antwort nahelegen, die Kosten für Klimaschutz seien eine der größten Bedrohungen der Weltwirtschaft. Die Analysen beinahe aller führenden Ökonomen zeigen aber das Gegenteil, dass Verknappung und Verteuerung aller fossilen Energieträger sowie die Folgenkosten der Klimakrise die größten Nöte der Volkswirtschaften darstellen.

Die Begrenzung der Klimakrise ist die zentrale Voraussetzung für die Stabilisierung der Weltwirtschaft. Die Stärkung der Realwirtschaft durch eine Investitionsoffensive in Energieeffizienz und erneuerbare Energieträger ist ein weiterer zentraler Pfeiler genauso wie stabile Energiepreise durch den Umstieg auf Effizienz und erneuerbare Energie. Wenn dies nicht gelingt, dann wird die Weltwirtschaftskrise 2008 nur ein zarter Vorgeschmack auf das gewesen sein, was noch droht.

»Wachstum kann nicht nachhaltig sein, wenn es auf übermäßigem Ressourcenverbrauch basiert«, warnt der US-Starökonom Joseph Stiglitz, der an der Columbia Business School lehrt. »Kein guter Buchhalter ignoriert die Wertminderung von Firmenkapital. Doch das Standard-BIP tut genau das und lässt zudem Ressourcenabbau und Umweltverschmutzung außer Acht. Es führt die Weltwirtschaft in die Irre.«

Die Weltwirtschaft braucht also ein neues Leitsystem, das die nachhaltige Lebensqualität der einzelnen Bürger im Fokus hat. Das haben die Staatschefs der G20 auf ihrem Gipfel 2009 in Pittsburgh erkannt, das hat die EU-Kommission zur Entwicklung eines Umweltindex veranlasst, das wird von der Organisation für Entwicklung und Zusammenarbeit, der OECD, bestätigt, daran forschen derzeit Amartya Sen und Joseph Stiglitz, daran ist Frankreich genauso interessiert wie Deutschland, das eine Kommission des Bundestages eingesetzt hat, die bis 2013 an einer »Reform der Wohlstandsmessung« arbeitet.

Die Weltwirtschaft wird infolge einer Neudefinition der Koordinaten ihres globalen Kompasses einen neuen Umgang mit ökonomischem Wachstum finden. »Wirtschaftswachstum ist wichtig, aber nicht alles«, formuliert Flavia Pansieri vom Weltentwicklungsprogramm UNDP. Umweltverschmutzung braucht einen klaren Preis, die Klimakrise muss als Bedrohung von Gesellschaft und Wirtschaft zentraler Teil eines neuen Wirtschaftsindex werden, genauso wie Verteilungsgerechtigkeit und der Zugang zu Bildung.

Das neue Zeitalter

Ein neues Zeitalter bricht an: Klimakrise, Ressourcenkrise, Energiekrise, Ernährungskrise und Wirtschaftskrise erzwingen es. Politik, Gesellschaft und Wirtschaft stehen vor einer historischen Herausforderung.[77] Dazu brauchen wir einen neuen Kompass für die Weltwirtschaft, ein neues Leitsystem.

Kurzfristig brauchen wir vor allem einen nachhaltigen Investitionsschub in die »Green Economy«. Wachsende Märkte für nachhaltige, ökologische, sozial verträgliche Produkte tragen zur Veränderung bei. Erreichen sie eine kritische Größe und sind sie in klare politische Leitlinien eingebettet, dann unterstützen sie die Dynamik der Veränderung. Diese geht hin zu Umweltverträglichkeit, Schonung der Ressourcen und sozialer Verantwortung, hin zu einer neuen Ethik, einer neuen Verantwortung für nächste Generationen, zur Sicherung einer hohen Lebensqualität der Bevölkerung.

Die Energierevolution kann als vierte industrielle Revolution dieses neue Zeitalter begründen. Falls die internationale Staatengemeinschaft es tatsächlich ernst meint und sich an das Ziel hält, die Temperaturerhöhung bei zwei Grad Celsius zu stoppen, dann gelingt dies nur mit einer Energierevolution hin zur »Green Economy«. Diese muss begleitet sein von neuen Koordinaten zur Steuerung der Weltwirtschaft und ihrer Demokratisierung.

Dazu wird sich eine Allianz zwischen einer neuen grünen Wirtschaft, die sich an ethischen Standards orientiert, einer mündigen Bevölkerung und einer engagierten Politik formieren. Durch bewussten Konsum können Bürgerinnen und Bürger aktiv mitgestalten, wie sich die Systeme von Politik und Wirtschaft weiterentwickeln. Es ist eine Macht, derer sie sich mehr und mehr bewusst werden. Denn wir brauchen eine Veränderung der Strukturen von anonymer großindustrieller Zentralisierung hin zu Transparenz und Mitgestaltungsmöglichkeiten.

Es geht um das Durchbrechen der Anonymität von Produktionsprozessen, ob bei Energieerzeugung oder bei Lebensmitteln, es geht um das Schaffen von Transparenz durch geografische Nähe. Es geht um Kontrolle durch Mitbestimmung und Einmischung. Es geht um das Bewusstsein, dass Produktion und Konsum politische Akte sind. Es geht darum, kleinere regionale Strukturen wieder zu ermöglichen, und vor allem darum, zur Gestaltungsfähigkeit der Politik zurückzufinden.

Wenn in der Mehrheit der Gemeinden Oberösterreichs Genossenschaften die Wärme mit dem Holz ihrer Wälder und der Energie der Sonne selbst erzeugen, wenn Hunderttausende auf ihren Dächern Warmwasser aufbereiten, zahlreiche Stadtwerke ihr Klientel mit erneuerbarer Energie aus der Region versorgen und wenn in Deutschland über 800.000 Haushalte auf ihrem Dach den Strom selbst erzeugen, dann ist klar: Die alten Strukturen der Energieversorgung als Geschäft einiger weniger Monopolisten, die weiträumige regionale Teilung von Energieerzeugung und Energiekonsum beginnen sich völlig zu verändern.

Wenn Direktvermarkter gesunde Lebensmittel ohne Chemie und Tierqual erzeugen und damit die eigene Region beliefern, wenn Klimaschutz zu einem Aufschwung regionaler Lebensmittelversorgung führt, der Schuhproduzent im Waldviertel wieder von seinem Geschäft leben kann, weil er engagiert ist und viele Käuferinnen und Käufer seine Idee unterstützen, dann verändern sich Wirtschaft und Gesellschaft.

Und wenn mittlerweile die Hälfte der Gemeinden Oberösterreichs ein eigenes Energiekonzept erarbeiten, Schritt für Schritt auf Energieeinsparung, erneuerbare Energie und Eigenversorgung umsteigen, wenn bereits Millionen verantwortungsvoll konsumieren, dann hat ein neues Zeitalter begonnen. Dann ist eine neue Umweltbewegung, eine sanfte Revolte entstanden.

Die IT-Revolution war ein Vorgeschmack darauf, wie Revolutionen unsere Strukturen verändern. Die völlige Umkehr unserer Energieerzeugung und Energieverwendung wird die bisher tiefgreifendste Strukturveränderung verwirklichen.

Die neue grüne Wirtschaft muss aber auch selbst ihrer hohen Verantwortung gerecht werden. Sie braucht einen neuen Umgang innerhalb der Unternehmen und ein stetes Hinterfragen der Umsetzung der Grundziele Klimaschutz, Schonung von Ressourcen, Beschäftigung, soziale Verantwortung. Grüne Jobs, das heißt auch Sinn und Qualität am Arbeitsplatz.

Die neue grüne Wirtschaft braucht von der Politik eine klare Kursdefinition, konsequentes Steuern, Planbarkeit und Berechenbarkeit und robuste Finanzierungsbrücken in die Zukunft.

Die Widerstände gegen die Energierevolution sind enorm. Die Besitzstandswahrer haben als Trumpf die Trägheit der Systeme und eine enge Verbindung zu großen Teilen der herrschenden Politik. Es ist die legale Korrumpierung durch Beraterverträge, es ist häufig Unwissen, es ist Angst vor der gewaltigen Veränderung, es ist das Schielen auf den nächsten Wahltermin als einzige Maxime, es ist das Ergebnis von erfolgreichem Lobbyismus.

In diesem Jahrzehnt wird langfristig die Energiezukunft und damit zu wesentlichen Teilen die Zukunft des Arbeitsmarktes, der Weltwirtschaft und der Lebensbedingungen unserer Kinder entschieden. »Wie haltet ihr das aus, untätig zu bleiben und die Politik für die Gesellschaft jenen zu überlassen, von denen ihr den Eindruck habt, dass sie nicht das Notwendige und das Richtige tun«, hat uns Hermann Scheer am Beginn dieses letzten Kapitels zugerufen.

Der weltweite Start in die Energierevolution war, wie dieses Buch zeigt, vielversprechend. Jetzt liegt es an uns. Gemeinsam können wir die Revolution durchsetzen und die Interessen der Besitzstandswahrer beiseiteschieben. Bis sie einsteigen in unseren Zug und selbst ehrlich und überzeugt investieren. Gemäß Schopenhauer. In die Zu-kunftssicherung.

Ein neues Zeitalter wird von den aktuellen Krisen erzwungen. Das ist eine Chance, die wir nutzen sollten. Dann kann eine neue »Green Economy« in den nächsten Jahren und Jahrzehnten durch das Um-setzen der Energierevolution das größte Beschäftigungswunder der letzten Jahrzehnte und einen wesentlichen Beitrag zur Begrenzung der Klima- und Ressourcenkrise schaffen. Sie kann und wird einen wichtigen Schritt darstellen in Richtung einer neuen Wirtschaft der Ethik und der Verantwortung, einer neuen Ökonomie der Hoffnung.

Anmerkungen

1 David Garner: Philosophical Transactions of The Royal Society, Nottingham 2011
2 Anil Ananthaswamy: Casting a Critical Eye on Climate Models, NewScientist, 17.01.2011
3 Anders Levermann: Unsere Systeme sind erschreckend verwundbar, FAZ, 30.12.2010
4 Schneider, Tichler, Holzinger/Energieinstitut an der Johannes Keppler Universität Linz: Arbeitsmarkt- und Konjunkturauswirkungen der Ölpreisexplosion, Linz 2008
5 http://webarchive.nationalarchives.gov.uk/+/http://www.hm-treasury.gov.uk/stern_review_report.htm
6 Klimaretter.info: Solarrevolution in Bangladesh, 31.12.2010
7 Damian Carrington: Scientists warn record Amazon drought may mean it switches to emitting carbon, The Guardian, 04.02.2011
8 Keith Bradsher: U.N. Food Agency Issues Warning on China Drought, New York Times, 08.02.2011
9 Deutsche Solarthermie-Technologie-Plattform: Forschungsstrategie Niedertemperatur-Solarthermie 2030, Berlin 2010
10 EREC: RE-thinking 2050, Brüssel 2010
11 European Climate Foundation: Roadmap 2050, Brüssel 2010
12 www.scientificamerican.com/article.cfm?id=a-path-to-sustainable-energy-by-2030
13 OÖ Energiesparverband: Energiezukunft 2030, Linz 2007
14 Deutsches Umweltbundesamt: Energieziel 2050, Dessau-Roßlau 2010
15 EU-Kommission: Energy Trends to 2030, Brüssel 2010
16 Bundesumweltministerium: erneuerbar beschäftigt, Berlin 2010
17 Deutsches Institut für Wirtschaftsforschung (DIW): Wochenberichte 10/2010
18 Bundesumweltministerium: erneuerbar beschäftigt, Berlin 2010
19 Ebd.
20 Greenpeace: Subventionen der Atomenergie, Berlin 2010
21 Richard Heinberg: Öl-Ende, München 2008
22 Arne Perras: Alarmstufe Delta, Süddeutsche Zeitung, 03.12.2010
23 Ölknappheit droht: »Wir brauchen alle zwei Jahre ein neues Saudi-Arabien«. Interview mit Gerald Grohmann, Chef des Ölfeldausrüsters Schoeller-Bleckmann Oilfield Equipment AG, Oberösterreichische Nachrichten, 04.11.2009
24 Mason Inman: Mining the Truth on Coal Supplies, National Geographic News, 08.09.2010
25 Tadeus W. Patzek, Gregory D. Croft: A global coal production forecast with multi-Hubbert cycle analysis, www.elsevier.com/locate/energy, 15.05.2010
26 Fraunhofer-Institut für Solare Energiesysteme: Stromgestehungskosten für erneuerbare Energien, Presseinformation, 12.01.2011
27 Frank H. Asbeck: Eine solare Welt, Köln 2009
28 www.sonnenseite.com
29 www.photon.de

30 Greenpeace International & EPIA (Branchenverband European Fotovoltaik Industry Association): Zukunftschancen der Solarindustrie, New Delhi 2010
31 Petra Ramsauer: So wird Hunger gemacht, Wien 2009
32 Sonia Van Gilder Cooke: Salty solar plant stores sun's heat, NewScientist, 14.12.2010
33 Greenpeace International: Battle of the grids, 18.01.2011
34 Fred Pearce: Supergrid World, NewScientist, 2010
35 Daniel Wetzel: Marokko startet Projekt Wüstenstrom, Welt am Sonntag, 25.07.2010
36 Hermann Scheer: Der Energethische Imperativ, München 2010
37 Daniel Wetzel: Marokko startet Projekt Wüstenstrom, Welt am Sonntag, 25.07.2010
38 Nicolai Ouroussoff: In Arabian Desert, a Sustainable City Rises, The New York Times, 25.09.2010
39 Thomas Behr: Sonnenwende im Öl-Königreich, spiegel online, 14.09.2010
40 Fred Pearce: Sunshine Superpower, NewScientist, 2010
41 Frank H. Asbeck: »Eine solare Welt«, Köln 2009
42 Andrew Heintzman: The New Entrepreneurs, Toronto 2010
43 EU-Kommission: Background Information for the European Council, 04.02.2011
44 Internationale Energieagentur: Word Energy Outlook 2010, Paris 2010
45 Markus Balser: Wende beim Energieverbrauch, Süddeutsche Zeitung, 2011
46 Marcus Gee: As oil soars, Japan's plan makes sense, The Globe and Mail, 21.05.2008
47 Andrew Heintzmann: The New Entrepreneurs, Toronto 2010
48 Ecofys & Fraunhofer-Institut: Energy Savings 2020, Brüssel 2010
49 Bernward Janzing: EU steigert Energieeffizienz nur langsam, taz, 04.02.2011
50 Wan Zhihong: Cities jump on solar energy bandwagon, China Daily, 29.11.2010
51 Li Fangfang: Hopes run high for green auto industry in China, China Daily, 29.11.2010
52 Jonathan Watts: China plots course for green growth amid a boom built on dirty industry, The Guardian, 04.02.2011
53 Heather Rogers: Green Gone Wrong, New York 2010
54 Marc Pitzke: Obama will USA zur Öko-Supermacht machen, Der Spiegel, 24.06.2009
55 Joel Makower: The State of Green Business 2010, Greener World Media, 09.02.2010
56 Solarstrom-Magazin Photon, August 2010
57 Bundesministerium für Umwelt, Naturschutz und Reaktorsicherheit: erneuerbar beschäftigt! Kurz- und langfristige Arbeitsplatzwirkungen des Ausbaus der erneuerbaren Energien in Deutschland, Berlin 2010
58 Anne Kreulemann: Selbstmord auf Raten, Solarstrom-Magazin Photon, 2010
59 Liqua: Innovations- und Qualifikationsanforderungen im Bereich der Öko-Technologien & Wirtschaft & Politik in Oberösterreich, Linz 2011
60 Deborah Stowell: Climate Trading: Development of Greenhouse Gas Markets, Basingstoke 2005
61 Tamara Gilbertson, Oscar Reyes: Globaler Emissionshandel, Frankfurt 2010
62 James Kanter: Do Carbon Offsets Cause Emissions to Rise?, The New York Times, 08.05.2009

63 Jos Delbeke: Written statement to the Hearing by the Senate Committee on Finance on »Auctioning under Cap and Trade«, 07.05.2009
64 Environmental Audit Committee: Eight Report: Impacts of Phase 1 on UK Emissions, 2006
65 Point Carbon: The potential and scale of windfall profits in the power sector, März 2008
66 Anna Pearson, Bryony Worthington: ETS S.O.S.: Why the Flagship »EU Emissions Trading Policy« needs rescuing, London 2009
67 Greenpeace USA: Koch Industries: Secretly Funding the Climate Denial Machine, Washington 2010
68 Joachim Müller-Jung: Dicke Luft im Blockhaus, FAZ, 28.01.2011
69 Uwe Ritzer: Kleiner Durchhänger, Süddeutsche Zeitung, 16.02.2011
70 Manfred Kriener: Bio, Masse und Macht, taz, 04.08.2009
71 Organic Monitor: The GLOBAL Market for ORGANIC Food & Drink: Business Opportunities & Future Outlook (3rd Edition), December 2010
72 The World of Organic Agriculture: Statistics and Emerging Trends 2010
73 Michael Bauchmüller: Grüner leben, Süddeutsche Zeitung, 21.09.2010
74 Ina Kirsch: Rechnen mit dem Klimagas, Die Zeit, 09.12.2010
75 Edward B. Barbier: A Global Green New Deal, New York 2010
76 Markus Balser: Die Vermessung des Wohlstands, Süddeutsche Zeitung, 03.01.2011
77 Die Grüne Revolution, Süddeutsche Zeitung, Serie von Dezember 2010 bis Februar 2011, ab Herbst 2011 als Buch: www.sz-shop.de

Mein Dank

gilt all jenen Experten sowie Beraterinnen und Beratern, die mich in den vergangenen Jahren prägten und sensibilisierten, deren Wissen und Hoffnungen in dieses Buch eingeflossen sind. Aber ohne meine Lebenspartnerin Petra hätte dieses Buch nie erscheinen können. Ihre Bereitschaft zum Diskurs während meines Schreibens, ihre Kritik und ihre Anregungen waren entscheidend, dass ich dieses Buch verfassen konnte.

Kontakt zum Autor
via Facebook über den Account Rudi Anschober
per E-Mail an: rudolf.anschober@gruene.at